中小学生
学习能力
主题班会设计

谷力群　杨　宇　主编　　车芳璐　副主编

清華大學出版社
北　京

内 容 简 介

本书涵盖了提高学习能力的多个方面。从发现学习兴趣到养成良好习惯，从树立学习目标到掌握各种学习方法，每个主题都以生动有趣的形式呈现，让学生能够轻松理解和接受。同时，每个主题都提供了丰富的班会活动和讨论题目，以及相关的教学资源和课堂活动建议，方便教师组织开展班会教育活动。本书内容丰富多彩，模块清晰，语言简洁明练，通俗易懂，适用于中小学生班会。

图书在版编目（CIP）数据

中小学生学习能力主题班会设计 / 谷力群，杨宇主编 . -- 北京 : 清华大学出版社，2024.11. -- ISBN 978-7-302-67733-8

Ⅰ. G635.5

中国国家版本馆 CIP 数据核字第 2024BA6075 号

责任编辑：刘思含　彭远同
封面设计：傅瑞学
责任校对：赵琳爽
责任印制：沈　露

出版发行：清华大学出版社
网　址：https://www.tup.com.cn，https://www.wqxuetang.com
地　址：北京清华大学学研大厦 A 座　　**邮　编：**100084
社总机：010-83470000　　**邮　购：**010-62786544
投稿与读者服务：010-62776969, c-service@tup.tsinghua.edu.cn
质量反馈：010-62772015, zhiliang@tup.tsinghua.edu.cn
印 装 者：小森印刷霸州有限公司
经　销：全国新华书店
开　本：185mm × 260mm　**印　张：**12　**字　数：**225 千字
版　次：2024 年 12 月第 1 版　**印　次：**2024 年 12 月第 1 次印刷
定　价：39.90 元

产品编号：103286-01

序

谷力群教授带领的团队编写的《中小学生学习能力主题班会设计》即将在清华大学出版社出版，该书内容丰富、涵盖面广、可操作性强，为广大中小学教师提供了理论基础扎实和科学的班会课程设计指南。

2012 年，党的十八大提出把立德树人作为教育工作的根本任务，恰逢其时，北京师范大学资深教授林崇德带领全国的研究团队通过多维度的研究方法，建构了中国学生发展核心素养体系总框架，标志着中国教育改革进入了一个新阶段，即教育改革的“3.0 时代”。作为一套有系统规划设计、指向 21 世纪育人目标的体系，中国学生发展核心素养的建构具有非常重要的意义和价值，它从多个途径和多个角度引导整个教育系统的变革：指导课程改革、指导教学实践、引导学生学习、指导教育评价。它不仅有助于落实立德树人的根本目标，也为课程改革和育人模式变革提供了方向，有助于提升“大思政课”的教育质量和效果。我有幸参与了研发的过程，同时也结合了我们团队长期研究儿童、青少年健全和创造性人格的成果。“核心素养”的丰富完善和最终落实，需要来自教育系统内外社会各界的共同努力，这是一个不断推进和层层落实的复杂过程。《中小学生学习能力主题班会设计》基于核心素养体系的总框架应运而生，旨在以班会课堂为重要的教育载体，为中小学教师提供一套行之有效的班会方案，有效提高班会课堂的利用率，促进学生的全面发展，切实地落实核心素养。

班会课堂是基础教育中一个独特的存在，它不仅是我国学生集体活动的场所，更是学生自我教育、自我管理的重要平台。通过班会，学生可以树立集体意识，促进身心发展，培养良好习惯。然而，在现实教学中，班会往往容易被忽视，甚至被误用，这浪费了教育资源和教育的良机，而《中小学生学习能力主题班会设计》正好为中小学教师提供了很好的抓手。

谷力群教授主编的这本书具有以下三个特点。

一是理论性和本土性的统一。这本书以中小学生核心素养为基础，从核心素养的三大方面、六个维度和十八个具体内容设计了符合新课标、理论根基深厚的主题。目标是培养全面发展的人，不仅仅关注知识的传授，更注重必备品格和关键能力的培养，以适应社会和终身发展的需要。班会本身也是我们国家基础教育中特有的特色活动，大多数活动的素材都源于中华民族的传统文化。

二是思想性和实践性的统一。这本书是落实“核心素养”的一个尝试，以“一个主题多个实操案例”为特色，班会主题与国家教育方针相一致，提供了丰富的班会主题和实操案例，满足不同学龄段的教学需求。书中提供了详尽的案例，辅以课程设计理念与方法的介绍，助力班会的全面开展，既有思想性又有实践性。

三是文字和数字化的统一。目前 90 后和 00 后已经成为中小学教师中的骨干力量，为了适应他们的教学特点，也为了节约教师们的时间，这本书与时俱进，突出了内容的前沿性和使用手段的数智化，不仅提供文字材料，还配套了丰富的多媒体资源，包括视频、PPT 等。

教育是一项系统工程，需要我们不断地探索和实践。《中小学生学习能力主题班会设计》的出版，是对基础教育事业的一份贡献。我相信，这本书的出版，能够激发更多的教育工作者落实核心素养体系，提高基础教育教师对学生身心发展规律的认识，共同推动我国教育事业的发展。

刘　文
中国心理学会认定的心理学家
世界学前教育组织（OMEP）中国委员
中国社会心理学会常务理事
中国心理学会理事
中国教育学学校教育心理学分会常务理事

前 言

2022年4月21日，教育部发布《义务教育课程方案和课程标准（2022年版）》。此次修订强调“知识与技能、过程与方法以及情感态度与价值观”三位一体的课程功能，提倡考虑学生在主题活动中完成学习任务，获得知识和解决问题的能力，亲历实践、探究、体验、反思、合作、交流等深度学习、体验式学习过程。目前，国家关注学生的全面发展和健康成长。学校作为教育主阵地，要与时俱进、更新教育理念，增强课程综合性、实践性，实现育人方式的变革，着力发展学生核心素养。在进行教学课程设计的过程中，班会课堂是一个非常值得研究和开发的领域。但班主任对主题班会缺乏研究和实践，接触少，用得少，往往把班会课上成了自习课、家长会、联欢会，浪费了主题班会这个让学生进行自我教育的好机会，也丢失了主题班会这个最有力的教育工具。为此我们编写了本书。

本书精心策划了一系列班会主题，旨在全方位激发学生的学习潜能，从唤醒内驱力到实践高效的学习方法，引领学生踏上一段自我成长的旅程。

激发学习动力：学习起航于心灵的触动，本书首先聚焦于唤醒学生内心深处的学习兴趣。通过生动的名言警句、故事、互动式活动，引导学生探索学习的深层意义，认识自我价值实现的途径，从而点燃求知的热情，让学习不再是一个负担，而是一种源自内心的追求。

树立学习目标：在动力的驱动下，本书进一步指导学生如何设定既具挑战性又不失实际性的学习目标。通过设定目标和应用SMART原则（明确性、衡量性、可实现性、相关性、时限性），学生将学会把自己的梦想分解为一系列小目标，让每一步都清晰可见，步步为营，逐步迈向成功。

探索学习策略：本书鼓励学生探索并采用适合自己的学习方式，营造良好的学习环境，学会抵御外界的诱惑。通过了解元认知，学生能够选取最契合自己的学习方法，使学习过程更加高效和愉快。

优化学习方法：基于上述基础，本书深入教授学习方法和集中注意力的技巧，比如思维导图等，让学生学会在有限的时间里抓住学习重点，排除干扰，用最高效的策略达成学习目标。同时，介绍康奈尔笔记法，引导学生打破常规，自主学习，创造性地解决问题，成为主动思考、独立判断的学习者。

综上所述，本书通过一系列精心设计的班会活动，不仅点燃了学生的学习激情，还帮助他们树立了清晰的目标，探索并实施个性化的学习策略，最终达到优化学习流程、显著提升学习效率的目的。这一系列的引导，为学生铺设了一条通向卓越学业成就和个人全面发展的坚实道路。

我们真诚希望本书能够为教师，特别是班主任提供有力的支持和指导，帮助他们更好地进行高效学习方面的教育，提高学生自主、自信、科学学习的能力。

编　者

2024 年 10 月

扫码获取图书配套资源

目　录

第一章 激发学习动力

1.1 发现我的学习兴趣（小学生适用）

学习，就像一场奇妙的探险，而兴趣，就是我们手中的魔法指南针，它帮助我们找到那些真正让我们感到快乐和满足的知识宝藏。今天，我们就来一起探索自己的学习兴趣，一起发现那些隐藏在我们心中的学习宝藏。

兴趣就像是一颗种子，一旦我们用心去浇灌，它就会在我们心中生根发芽，开出美丽的花朵。很多伟大的人物都曾经说过，他们的成功往往源自于对某件事物的深深热爱和兴趣。以下就是一些有关兴趣的名人名言，请各位同学仔细阅读，认真思考，想一想这些名言背后都蕴含了哪些人生道理。

1. “学问必须合乎自己的兴趣，方才可以得益。”——莎士比亚
2. “一个深广的心灵总是把兴趣的领域推广到无数事物上去。”——黑格尔
3. “学习的最大动力，是对学习材料的兴趣。”——布卢姆
4. “兴趣是最好的老师。”——爱因斯坦
5. “人若志趣不远，心不在焉，虽学无成。”——张载
6. “哪里没有兴趣，哪里就没有记忆。”——歌德
7. “成功的秘诀在于兴趣。”——杨振宁
8. “喜欢自己想做的事情，把自己的兴趣放在心里，这样才能有真正的快乐。”——李斯特
9. “兴趣使学习无压力，也使生活有乐趣。”——西塞罗

互动交流 1 对学习感兴趣的表现

在一个宁静而美丽的小镇里，住着一个名叫小宇的小男孩。小宇对学习充满了无尽的热情，他像一颗种子，渴望在知识的田野里生根发芽。

每天清晨，小宇都会早早地起床，迫不及待地跑到学校。他坐在课堂的第一排，

一双眼睛像两颗璀璨的星星，闪烁着对知识的渴望。每当老师提出问题，他总是第一个举手，声音洪亮且自信满满地给出答案。他的积极参与和聪明才智，不仅赢得了老师和同学们的阵阵掌声，更激发了大家对学习的热情。

除了在课堂上展现出色的表现，小宇还特别享受学习的过程。每当遇到不明白的问题，他从不气馁，而是耐心地查阅资料，或者向老师和同学们请教。他喜欢那种通过努力最终解决问题的成就感。在小宇看来，学习就像一场充满惊喜的冒险，每一本书、每一堂课，都是一个全新的世界等待他去探索。

小宇对学习的专注度也让人佩服。在家里，他会为自己创造一个安静的学习环境，远离一切可能分散注意力的干扰。他会制订详细的学习计划，按照计划有条不紊地完成学习任务。即使遇到困难和挫折，小宇也从不轻言放弃，他总是鼓励自己，坚持到底。这种高度的专注力和毅力，让小宇在学习上取得了优异的成绩。

更令人钦佩的是，小宇非常愿意接受学习的挑战。每当老师布置有难度的作业或者课题，他总是欣然接受，并且努力去完成。他觉得，挑战是进步的阶梯，只有通过挑战，才能不断提升自己的能力。小宇的勇敢和坚韧，让他在学习的道路上越走越远。

最让同学们羡慕的是，小宇在学习时总是感到兴奋和满足。他相信，知识是世界上最宝贵的财富，而学习则是获取这份财富的钥匙。每当他掌握了新的知识，他都会感到一种由内而外的喜悦和满足。这种对知识的热爱和追求，让小宇在学习的道路上充满了动力和激情。

1. 根据上述故事，请学生总结一下对学习有兴趣的表现有哪些。
2. 请几位学生上台分享自己最喜欢的科目和课堂内容，并说说原因。
3. 在教室中布置一个“挑战黑板墙”。学生们可以在上面写下自己愿意挑战的学习任务或问题，其他学生看到后可以选择一同接受挑战或提供帮助。

评析

小宇的故事发生在一座宁静的小镇上，他是一个对学习充满无限热情的孩子，他的求知欲强，积极参与课堂，乐于自我挑战，享受学习过程中的每一个难关与突破，他的专注、毅力和积极态度不仅让自己在学习上取得了卓越成绩，也激励了周围的同学。

学习兴趣是指个体对学习活动本身持有的积极态度和喜好倾向，它是内在驱动学习的重要因素。具体表现如下。

★**积极参与：**小宇总是课堂上的活跃分子，第一个举手回答问题，显示了他对学习内容的高度兴趣。

★**主动探索：**遇到难题时，小宇积极查阅资料、寻求帮助，体现了他对解决问题和获取新知的渴望。

★专注投入：小宇在家创造良好的学习环境，制订计划并严格执行，表明了对学习的专注和自律。

★欢迎挑战：面对困难和挑战性任务，小宇欣然接受并努力应对，显示出对自我提升的追求。

★情感满足：小宇在掌握新知识时感到喜悦和满足，体现了学习给他带来的正面情感反馈。

活动设计：挑战黑板墙

活动目标：

★激发学习兴趣：通过设立具体挑战，激发学生的好奇心和探索欲。

★培养合作精神：鼓励学生相互帮助，营造合作学习的氛围。

★增强自信心与毅力：促使学生在完成任务的过程中提升自我效能感。

活动流程：

★准备阶段

在教室一角设立“挑战黑板墙”，划分区域，准备彩色粉笔。

向学生介绍活动目标和规则，鼓励大家勇敢提出自己的学习挑战或问题。

★发布挑战

学生轮流上前，在黑板上写下自己想要挑战的学习任务或问题，可以是未解的数学题、想了解的历史事件、想要掌握的新单词等。

在每项挑战旁边留出空间，供其他学生签名表示一同接受挑战或提供帮助。

★合作与交流

学生自由选择感兴趣或能提供帮助的挑战，形成小组或一对一互助。

定期组织分享会，让学生汇报挑战进展，分享解决方法或学习心得。

★成果展示

完成挑战的学生在黑板上标记任务完成，并简要记录学习过程中的感受和收获。

期末举办“挑战成果展”，表彰优秀挑战者和助人为乐的学生。

★反思总结

活动结束后，引导学生进行个人反思，讨论如何激发学习兴趣、合作学习的体验和收获，以及如何将这种积极态度延续到日常学习中。

课程总结：

通过小宇的故事启发和“挑战黑板墙”活动的实施，我们不仅见证了学习兴趣对个人成长的重要性，也尝试了在班级中营造一个充满挑战、合作与分享的学习环境。

这样的活动不仅促进了学生的学习兴趣和能力的提升，还加深了他们之间的情感联系，培养了积极向上的情感意志品质，为学生的终身学习之路奠定了坚实的基础。

扩展习题

1. 下列哪个行为是积极参与课堂的表现？（　　）

   A. 上课时与同学聊天　　B. 认真听讲并举手发言

   C. 关注教室外的风景　　D. 上课时睡觉

2. 当对学习感到满足时，会有怎样的感觉？（　　）

   A. 无聊和困惑　　B. 害怕和紧张

   C. 兴奋和自豪　　D. 厌倦和疲惫

3. 哪种情况说明你对学习高度专注？（　　）

   A. 学习时集中注意力，不受外界干扰　　B. 一边写作业一边看电视

   C. 学习时经常分心，想其他事情　　D. 学习时经常打瞌睡

4. 面对学习上的挑战，应该怎么做？（　　）

   A. 逃避困难，选择简单的任务　　B. 表达抱怨和不满

   C. 放弃学习　　D. 勇敢面对，尝试解决困难

5. 下列哪个行为属于自发主动学习？（　　）

   A. 在老师和家长的督促下才学习　　B. 只在课堂上学习，课后从不复习

   C. 课余时间主动找书来读　　D. 只有快要考试的时候才学习

答案：B　C　A　D　C

互动交流 2　学习兴趣的分类

小明是一位四年级的小学生。小明的学习生活丰富多彩。

小明最喜欢上自然课，因为自然课上老师会带领他们探索大自然的奥秘。每次学习新的动物或植物时，小明都会瞪大眼睛，聚精会神地听讲。有一次，老师介绍了蝴蝶的变化过程，小明听得入了迷，回家后还自己动手养了几只毛毛虫，观察它们变成蝴蝶的过程。小明对自然世界充满了好奇和热爱，这就是他的直接学习兴趣。

小明虽然对数学不太感兴趣，但他知道数学在生活中非常重要。有一次，他和妈妈去超市购物，妈妈让他帮忙算一下购物车里的商品一共多少钱。小明拿出小本，认真地算起账来。虽然过程有些艰难，但当他算对价格时，妈妈夸奖了他，小明感到非常自豪。这次经历让小明意识到，学习数学是很有用的，于是他开始努力培养自己的间接学习兴趣。

小明还有一个兴趣，那就是画画。他喜欢用自己的画笔描绘出美丽的风景和可爱的动物。每次上美术课，小明都是最积极的一个。他的画作经常受到老师的表扬，这也激发了他更加努力地学习画画的动力。小明的个体学习兴趣不仅让他在课堂上表现得更加出色，还培养了他的创造力和想象力。

有一次，学校组织了一次户外教学活动，同学们来到了一个美丽的公园。在公园里，小明和同学们一起观察植物、捉昆虫、做实验。这种身临其境的学习方式让小明感到非常兴奋和满足。他觉得在这样的情境中学习，不仅有趣味性，还能更好地理解和掌握知识。

1. 请学生说一说自己对哪一个科目最感兴趣，并讲一讲这属于哪种学习兴趣。
2. 教师提供几个课堂案例，如在科学课上组织学生进行简单的实验、在数学课上设立“数学小达人”的荣誉称号等，让学生进行学习兴趣的分类。

评析

小明的故事是关于成长、兴趣培养和全面发展的真实写照。在教育的旅程中，直接学习兴趣和间接学习兴趣扮演着至关重要的角色。

学习兴趣分类：直接学习兴趣、间接学习兴趣、个体学习兴趣和情境学习兴趣

直接学习兴趣指的是个体对某项活动或知识本身的喜爱和好奇，这种兴趣源自内心的渴望，不需要外部激励即可维持学习动力。

相比之下，**间接学习兴趣**则更多基于活动结果带来的益处或目标的实现，它不直接源于活动本身，而是源于与之相关的外部因素，如成绩、奖励或未来的机会。

个体学习兴趣是指个人基于自身内在动机和长期兴趣而产生的对某一主题或领域的兴趣。这种兴趣相对稳定，不受外部环境变化的影响。

情境学习兴趣是指个人在特定情境下因环境因素而产生的兴趣。这种兴趣可能因情境的变化而变化，具有一定的临时性和情境依赖性。

活动设计：环保小卫士

活动流程：

★第一阶段：知识启蒙与直接学习兴趣激发（校园内）

自然探索工作坊：组织学生在校园内的小花园或自然角观察生物多样性，通过显微镜观察土壤微生物、记录植物生长周期，直接感受自然的魅力。

环保电影分享会：放映关于生态保护和动物保护的纪录片，让学生直观地看到自然之美及其面临的威胁，激发他们保护自然的直接学习兴趣。

★第二阶段：实践操作与间接学习兴趣培养（校园外）

社区调查与数据收集：让学生分组走进社区，调查垃圾分类现状、塑料使用情况等，通过实践活动认识到环保问题的紧迫性，从而形成间接兴趣（认识到环保行为对社会的意义）。

创意环保项目设计：鼓励学生根据调查结果，设计并实施一个小型环保项目，如建立社区共享书屋减少纸张浪费等。通过项目实施，让学生体验到自己的行动给周围的环境带来的积极改变，增强间接学习兴趣。

★第三阶段：成果展示与情感意志培养

环保成果展：在学校或社区中心举办展览，展示各小组的项目成果、照片和感悟，邀请家长和社区成员参观，让学生感受到成就与认可，增强自信心和团队协作精神。

反思与讨论：组织一次总结会议，让学生分享参与活动的感受、遇到的挑战及如何克服，培养自我反思能力和面对困难的韧性。

★第四阶段：评价与反馈

通过观察学生参与活动的积极性、项目创新性和社区反馈，评估直接学习兴趣与间接学习兴趣的培养效果。鼓励学生自我评价，反思活动中学到的知识、技能及情感成长，教师给予个性化反馈和鼓励。

课程总结：

通过这样一系列从理论到实践、从校园到社区的活动设计，不仅能够有效激发和转化学生的直接学习兴趣与间接学习兴趣，还能在情感上培养他们的责任感、同理心和环保意识，在意志力上锻炼他们解决问题的能力和坚持不懈的精神。

扩展习题

1. 下列哪个选项描述的是间接学习兴趣？（　　）

A. 小丽喜欢弹钢琴，因为她觉得音乐很美

B. 小红喜欢做手工，因为她喜欢创造新事物

C. 小明喜欢学习英语，因为他想出国旅游

D. 小华喜欢跳绳，因为他觉得跳绳很有趣

2. 小丽喜欢在学校图书馆学习，因为那里安静又有很多书，这属于哪种学习兴趣？（　　）

A. 直接学习兴趣　B. 情境学习兴趣　C. 个体学习兴趣　D. 间接学习兴趣

3. 小华喜欢画画，每次画画时都觉得很开心，这是因为小华对画画有（　　）。
   A. 直接学习兴趣　B. 情境学习兴趣　C. 间接学习兴趣　D. 个体学习兴趣
4. 小丽在学校的科学实验室里学习科学时特别投入，这可能是因为她（　　）。
   A. 对科学有直接学习兴趣
   B. 对科学有间接学习兴趣
   C. 在特定的科学实验室情境下产生了学习兴趣
   D. 对实验室里的器材特别感兴趣
5. 下列哪种情况属于个体学习兴趣？（　　）
   A. 小明喜欢学习数学，因为数学老师教得很好
   B. 小华喜欢学习音乐，因为她的父母希望她成为音乐家
   C. 小丽喜欢阅读，因为她觉得阅读可以提高语文成绩
   D. 小红喜欢画画，因为她觉得画画很有创意

答案：C　B　A　C　D

互动交流 3　激发学习兴趣的好处

在一个阳光明媚的早晨，蒙蒙如往常一样背着书包去上学。他走进教室，发现今天的教室与往常有些不同，墙上贴满了各种颜色鲜艳的图画和标语，上面写着“激发学习兴趣，探索知识宝藏”等字样。蒙蒙好奇地问老师：“为什么要激发学习兴趣呢？”

老师微笑着说：“蒙蒙，你知道吗？激发学习兴趣就像打开了一扇通往知识世界的大门。当你对学习感兴趣时，你会更加专注地听讲，更加积极地思考，这样你就能更好地吸收知识，提高学习效果。”

蒙蒙听了老师的话，想了想，说：“激发学习兴趣还有什么好处呢？”

老师继续解释道：“激发学习兴趣不仅能提高学习效果，还能增强学习动力。当你对学习充满热情时，你会更加愿意主动学习，不再觉得学习是一件枯燥无味的事情。而且，这种动力会让你在学习上不断追求进步，不断挑战自己。”

蒙蒙眼睛一亮，说：“我明白了，激发学习兴趣还能培养积极的学习态度。”

老师点点头，说：“没错，蒙蒙。当你对学习充满兴趣时，你会更加乐观、自信地面对学习中的困难和挑战。你会相信自己的能力，相信自己可以克服一切困难，这种积极的学习态度会让你在学习上更加成功。”

蒙蒙听后深受启发，他说：“老师，我明白了。激发学习兴趣不仅能提高学习效果，增强学习动力，培养积极的学习态度，还能培养我们主动学习的能力。我要努力激发自己的学习兴趣，成为一个爱学习、会学习的好学生！”

老师听了蒙蒙的话，满意地点了点头，并鼓励他要在学习的道路上不断努力，不断探索，不断进步。

从此以后，蒙蒙对学习充满了兴趣和热情。他主动参加各种学习活动，积极回答问题，勤于思考，勇于探索。他的学习成绩不断提高，他也变得越来越自信和开朗。他明白了，激发学习兴趣是通往知识世界的金钥匙，也是他成长道路上不可或缺的动力源泉。

1. 教师分享一些因为兴趣而成功的名人故事，并邀请学生们分享他们知道的类似故事。这有助于让学生们认识到兴趣对于学习和成功的重要性。
2. 为学生们布置一项挑战任务——知识探索冒险计划，让他们选择一个感兴趣但不太了解的知识领域进行探索，并让他们将自己的发现与全班分享。这不仅能激发他们的学习兴趣，还能培养他们的主动学习能力和探索精神。
3. 将学生们分成小组，每个小组讨论并分享他们认为学习中最有趣的部分。然后，每个小组可以向全班展示他们的发现，这有助于学生们认识到学习的乐趣并激发彼此的兴趣。

评析

在一个充满活力的早晨，蒙蒙在装饰一新的教室中，通过与老师的对话，深刻理解到激发学习兴趣的重要性。受到启发的蒙蒙决定积极培养自己的学习兴趣，最终成为了一个热爱学习、善于学习的学生，不仅成绩提升，性格也变得更加开朗和自信。

激发学习兴趣的好处：

★**提升学习效果：**兴趣促使认真听讲和积极思考，加速知识吸收。

★**增强学习动力：**热情驱动下的自主学习，让学习不再乏味。

★**培养积极态度：**面对困难时乐观自信，相信自己能克服挑战。

★**进行主动学习：**自发探索未知，成为学习旅程的主导者。

活动设计：知识探索冒险计划

活动目标：

★鼓励学生选取一个自己感兴趣但尚未深入探索的知识领域，进行自主学习和研究，最终通过创意方式与全班分享。

★通过分享会，让学生感受到彼此探索知识的热情与努力，增进同理心和集体荣誉感。

★鼓励学生在遇到学习障碍时不轻言放弃，通过设定短期目标和庆祝小成就来增强持续学习的动力。

★显著提升学生的自信心和自我效能感，为今后的学习生涯打下坚实的心理基础。

活动流程：

★兴趣选择

每位学生填写一份兴趣调查表，列出三个自己感兴趣但了解不多的主题，然后从这些主题中选择一个最感兴趣的领域进行深入探索。

★探索计划制订

学生制订个人探索计划，包括学习资源（图书、网络资料、专家访谈等）、时间安排、学习目标等，培养计划制订与执行的能力。

★深度学习与记录

学生利用课余时间，通过阅读、实验、视频观看等多种方式深入学习所选领域。鼓励学生写学习日志，包括新学知识点、遇到的难题及解决方案、个人感悟等，强化自我反思和总结能力。

★创意分享准备

学生根据所学内容，准备一种创意形式来展示学习成果，如 PPT 演讲、小视频、实验演示、手工模型、主题海报等，激发创意表达和信息整合能力。

★班级展示与交流

组织一次班级分享会，每位学生展示自己的学习成果，分享学习过程中的趣事、挑战与收获。通过提问与讨论环节，增进同学间的互动与理解，培养批判性思维和沟通技巧。

★反馈与激励

展示结束后，进行同伴评价和教师点评，强调学习过程的价值和每个学生的独特贡献，颁发“最佳创意奖”“深度探索奖”等，以正向反馈激励学生保持学习的热情。

课程总结：

通过这样的活动，不仅能够有效激发学生的学习兴趣，还能够在实践中培养他们主动学习、问题解决、创意思维和社交沟通等多方面的能力，同时在情感与意志层面为他们的长期发展奠定良好基石。

扩展习题

1. 学习兴趣可以帮助我们培养（　　）。

A. 消极的态度　　　　B. 懒散的习惯

C. 容易放弃的性格　　　　　　　　D. 主动学习的能力

2. 当学生对学习有兴趣时，学生会（　　）。

A. 更加努力地学习　　　　　　　　B. 讨厌去学校

C. 不愿意做作业　　　　　　　　　D. 常常感到困倦

3. 激发学习兴趣的好处不包括（　　）。

A. 增强学习动力　　　　　　　　　B. 更好地理解知识

C. 学习成绩无法提高　　　　　　　D. 培养积极的学习态度

4. 有了学习兴趣，我们会更可能（　　）。

A. 放弃学习　　　　　　　　　　　B. 主动学习新知识

C. 被迫学习　　　　　　　　　　　D. 忽视老师的指导

5. 激发学习兴趣对学习动力有什么影响？（　　）

A. 减弱学习动力　　　　　　　　　B. 没有影响

C. 增强学习动力　　　　　　　　　D. 厌恶学习

答案：D　A　C　B　C

互动交流 4　如何发现学习兴趣

在一个阳光明媚的早晨，小华早早地来到了学校。他常常感到困惑，不知道自己真正喜欢学习什么。这天，他决定要找出自己的学习兴趣。

放学后，小华回到家，看到妈妈正在厨房里忙碌。他走过去，好奇地问妈妈："妈妈，你是怎么知道自己喜欢做饭的呢？"妈妈微笑着回答："我小时候经常尝试做不同的食物，发现做饭能让我快乐，也看到大家吃得开心，我就知道自己喜欢做饭了。"

受到妈妈的启发，小华决定从尝试多种多样的活动开始。他参加了学校的足球队，虽然开始时并不擅长，但他逐渐发现在比赛中奔跑的感觉很好，他开始对足球产生兴趣。

此外，小华还常常与老师和同学交流分享。在一次课堂上，老师让大家分享自己的爱好。小华听到有的同学喜欢画画，有的喜欢音乐，还有的喜欢科学实验。他意识到每个人都有自己独特的学习兴趣，他也开始更加关注自己的想法和感受。

为了记录自己的想法和感受，小华开始写日记。他记录下自己在尝试各种活动时的点点滴滴，写下自己的喜悦、挫折和成长。渐渐地，他发现自己在数学课上解决难题时特别有成就感，以及在图书馆里阅读新书时特别兴奋。

小华始终保持着好奇心和探索欲，他不仅对课本上的知识感兴趣，还对生活中的各种现象充满好奇。他常常问为什么，努力寻找答案，这种好奇心引领他走向更广阔的知识领域。

经过一段时间的努力，小华终于发现了自己的学习兴趣——他既喜欢运动，也喜欢数学和科学。他明白了，发现自己的学习兴趣就像探险一样，需要积极尝试、交流分享、关注自己的感受和保持好奇心。他期待着在未来的学习旅程中，继续探索更多的知识宝藏。

1. 教师可以准备一个小调查表，列出不同的活动和学科，让学生勾选自己感兴趣的项目。随后，教师可以根据调查结果，引导学生分享自己选择的原因，进一步讨论如何将这些兴趣转化为学习动力。
2. 教师每周设定一个“好奇心挑战”，鼓励学生提问或寻找答案。例如，学生可以在一周内探索一个科学问题或研究一种动植物的特性。到周五时，学生可以互相分享自己的发现和学习成果。
3. 教师向学生提问：自己都尝试过哪些活动或课程？在这些活动或课程中，有哪些是你觉得特别有趣或想继续探索的？

评析

故事讲述了小华在日常生活中探索并发现自己学习兴趣的过程。从妈妈对烹饪的热爱中得到启发，小华开始尝试不同的活动，如加入足球队、参与课堂分享，并通过写日记来记录自己的体验和感受。在这个过程中，他不仅体验到了运动的乐趣，还在数学和科学中找到了成就感与兴奋感。小华的故事强调了通过积极尝试、交流分享、自我反思和保持好奇心来发现个人兴趣的重要性。

如何发现自己的学习兴趣？

★**勇于尝试：**主动尝试不同的活动或学科，只有亲身体验才能发现真正的喜好。

★**观察反馈：**留意自己在尝试新事物时的感受，无论是成就感、满足感还是快乐，这些都是兴趣的信号。

★**交流分享：**与他人交流自己的经历和感受，了解他人的兴趣所在，可能会启发自己找到共鸣之处。

★**自我反思：**通过写日记、冥想等方式深入认识自己，关注内心的真实想法和感受。

★**保持好奇：**对周围的世界保持好奇，不断提问和探索未知，兴趣往往源自于对事物的好奇。

★**结合优势：**识别自己的优势与擅长之处，兴趣与天赋相结合能更好地促进个人发展。

★**持续探索：**兴趣是可以随时间和经验增长而变化的，持续不断地探索新的领域，也许会有意想不到的发现。

活动设计：好奇心挑战周

活动目标：

★培养学生跨学科的好奇心与探索能力，鼓励学生主动提出问题、寻找答案，拓宽知识视野。

★增强学生的自信心，培养其坚持不懈的精神，以及团队合作和公共演讲能力。

活动流程：

★周一：好奇心启动大会

开展一次班级会议，介绍“好奇心挑战周”的目的和意义，分享小华的故事作为启示。

鼓励学生自由思考，提出自己感兴趣的问题或想探索的领域，并记录下来。

根据兴趣相似度将学生分成小组，每组不超过5人，确保多样化的兴趣组合。

★周二至周四：探索与记录

每天给学生分配时间（如自习课或课后）进行独立或小组探索。

学生可以通过阅读书籍、上网查询、实验操作、实地考察等方式搜集信息。

要求学生每日记录探索日志，包括遇到的问题、获取的新知、感受与反思。

★周五：成果展示与分享

举办“好奇心集市”，每个小组准备一个展台或PPT，展示他们的探索成果。

成果展示形式多样，可以是报告、模型、实验演示、艺术创作或小剧场等。

鼓励观众提问，增加互动，促进知识的交流与碰撞。

★反馈与表彰

每位参与者分享自己的学习心得和挑战过程中的收获。

设立“最佳探索奖”“创意展示奖”“团队协作奖”等奖项，表彰表现突出的个人和小组。

教师和学生共同给予正面反馈，强调过程比结果更重要，鼓励继续探索未知。

课程总结：

本故事通过小华的探索之旅，展示了发现个人学习兴趣的过程和重要性。小华从家人那里获得灵感，开始勇于尝试新事物，通过实际行动、反思和分享，最终找到了自己对运动、数学和科学的热爱。以此为背景，设计“好奇心挑战周”活动，旨在通过实践探索、团队合作、成果展示等环节，激发学生的内在好奇心，培养其探索精神、社交技能及自我表达能力，强调在学习旅程中认识自我、持之以恒、享受探索的乐趣。此活动不仅是知识的探索之旅，更是情感与意志的成长之旅。

扩展习题

1. 我们可以通过哪种方式来发现自己的学习兴趣？（　　）
   A. 只看课本上的知识　　B. 只听从父母的建议
   C. 尝试多种多样的活动　　D. 忽视老师和同学的建议
2. 当我们尝试一个新的活动时，应该怎么做？（　　）
   A. 随便试试，不感兴趣就放弃
   B. 认真参与，并记录下自己的感受和想法
   C. 只和好朋友一起做，不管其他人
   D. 不和任何人分享自己的体验
3. 保持好奇心和探索欲对学习有什么帮助？（　　）
   A. 可以让学习变得更有趣　　B. 可以让学习变得更枯燥
   C. 可以让学习变得更困难　　D. 没有任何帮助
4. 与老师和同学交流分享的好处是（　　）。
   A. 可以得到老师的表扬
   B. 可以直接提高成绩
   C. 可以逃避做作业
   D. 可以了解不同的观点和体验，帮助自己发现兴趣
5. 当你尝试一个新活动时，如果感到很开心和兴奋，这说明（　　）。
   A. 这个活动很危险，不适合你　　B. 你应该立刻放弃这个活动
   C. 这个活动太简单了，没挑战性　　D. 你可能对这个活动有兴趣

答案：C　B　A　D　D

1.2 养成学习好习惯（初中生适用）

良好的学习习惯就像一把钥匙，能打开知识的大门，让我们在学习的道路上畅通无阻。它在帮助我们更有效地管理时间、提高学习效率的同时，还能培养我们的自律意识和责任感。而且养成学习好习惯不仅能在当下帮助我们取得更好的学业成绩，更能为未来的学习和生活奠定坚实的基础。

在接下来的班会中，就让我们一起来探索如何养成学习的好习惯吧。通过共同努力和互相学习，我们一定能养成良好的学习习惯，让学习变得更加轻松和高效。

伟大的成就往往源于日常良好的习惯。许多杰出的人物都深知这一点，他们通

过坚持不懈的努力，养成了好的学习习惯，为后来取得辉煌的成就奠定牢固基础。以下就是一些有关良好习惯的名人名言，请同学们仔细阅读以下名言，从中汲取智慧，理解养成良好习惯对于学习的重要性，阅读后谈一谈自己的感受。

1. “对一个中学生来说，有两种习惯是必须养成的。哪两种习惯呢？一是自己学习的习惯，一是随时阅读的习惯。”——叶圣陶

2. “积千累万，不如养个好习惯。”——叶圣陶

3. “少成若天性，习惯如自然。”——孔子

4. “我们一面要养成读书心细的习惯，一面要养成读书眼快的习惯。心不细则毫无所得，等于白读；眼不快则时候不够用，不能博搜资料。”——梁启超

5. “习惯的力量是巨大的。”——西塞罗

6. “不良的习惯会随时阻碍你走向成名、获利和享乐的路上去。”——莎士比亚

7. “习惯是一种顽强而巨大的力量，它可以主宰人生。”——培根

8. “事实上一切教育归根结底都是为了培养人的良好习惯。”——洛克

互动交流1　制订学习计划

小飞是一名聪明好学的中学生，但最近他在英语考试中发现自己的成绩有些下降了。这让小飞有些焦虑，他知道，如果想要在中考中取得好成绩，必须尽快提高自己的英语水平。

小飞决定制订一份学习计划，他相信只要按照计划努力学习，成绩一定会有所提高。他首先分析了自己每天的时间安排，发现早晨起床后和晚上睡觉前的时间是最适合学习的。于是，他决定利用这两个时间段来学习英语。

每天早上，小飞都会提前一个小时起床记单词。他选择在这个时间段学习是因为他发现早晨的记忆力最好，能够更快地记住单词。他会选择一些适合自己的单词书，每天按照计划背一定数量的单词。

白天在学校，小飞也充分利用课余时间学习英语。他会在中午休息的时候看一些英语文章或者听一些听力材料，提高自己的阅读能力和听力水平。他还会在课堂上积极参与讨论，向老师请教问题，确保自己能够掌握课堂上的知识。

晚上睡觉前，小飞会再花一个小时的时间来整理白天学到的知识，温习早上记的单词。他会把新学到的单词和短语写在笔记本上，方便以后复习。同时，他还会听一些英语歌曲或者看一些英语电影，提高自己的语感和口语能力。

除了每天的学习计划，小飞还会制定每周和每月的学习目标。他会根据自己的学

习进度和成绩情况，不断调整学习计划，确保自己能够按照计划顺利提高英语水平。

小飞的学习计划虽然紧凑，但他总是能够保持良好的状态，因为他知道只有坚持完成计划才能取得成效。他会在课间休息的时候离开座位，到走廊上走动一下，放松身心。在周末的时候，他还会安排一些放松的活动，比如去公园散步、看电影或者和朋友一起玩游戏。这些活动不仅可以让小飞放松身心，还可以为他提供不同的学习体验，丰富他的知识和视野。

小飞的努力没有白费，他的英语成绩逐渐提高了。他发现在学习过程中，不仅要有计划地学习，还要不断地总结和反思。他会经常回顾自己的学习笔记和错题本，找出自己的不足之处，并努力改进。同时，他还会向老师和同学请教问题，借鉴他们的学习方法和经验。

小飞的故事告诉我们，学会做学习计划对于中学生来说非常重要。只有制订了合理的学习计划，才能更好地规划自己的学习时间，提高学习效率。同时，我们还要学会坚持计划，在过程中不断调整和完善计划，才能取得更好的学习效果。

1. 结合上述故事，请学生们说一说，制订学习计划对提高学习效率和成绩有何帮助。
2. 邀请几位学习成绩优异的同学上台分享他们的学习计划，包括如何制订、执行和调整计划，以及计划为他们的学习带来的帮助。
3. 请每位同学为自己制订一份下周的学习计划，包括每天要学习的科目、具体任务和时间安排。计划应该既实际可行又具有一定的挑战性。

评 析

小飞是一位聪明好学的中学生，面对英语成绩下滑的危机，他积极采取行动，通过制订并执行详细的学习计划，有效利用时间，最终成功提升了自己的英语水平。小飞的故事展示了合理规划学习时间、坚持不懈、及时总结反思对学习成效的重要性，同时也强调了劳逸结合对维持良好学习状态的必要性。

如何做学习计划？

★**时间分析：**识别一天中最高效的学习时段。

★**目标设定：**根据个人需求设定短期与长期学习目标。

★**计划制订：**细化每日学习任务，结合记忆规律安排学习内容。

★**资源整合：**选择合适的学习材料和工具。

★**执行与调整：**按计划执行，根据学习进展灵活调整策略。

★**反馈与反思：**定期检查学习效果，总结学习经验，及时改进。

★**休息与娱乐：**合理安排休息时间，保持身心健康。

活动设计：优秀学生学习计划分享会

活动目标：

★学习制订高效学习计划的方法。

★理解执行、调整学习计划的重要性。

★激发自我反思和持续改进学习策略的意识。

★增强自我管理能力与自信心。

★培养积极向上的学习态度和团队合作精神。

活动流程：

★开场介绍

教师简述小飞的故事，引出学习计划的重要性。

★优秀学生分享

邀请3~4名学习成绩优异的同学上台，每人进行5分钟的分享，内容包括以下几个方面。

① 如何制订学习计划：时间安排、目标设定。

② 执行计划的经验：如何克服困难，保持动力。

③ 调整计划的策略：面对成绩波动时的应对方法。

④ 计划给学习和生活带来的正面影响。

★小组讨论

学生进行分组讨论，分享自己当前的学习计划，互相提建议和改进方案。

★计划制订

学生根据所学，现场制订或调整个人的学习计划。

★展示与反馈

每组选代表展示其小组内某位同学的计划，全班给予鼓励和建议。

★总结与鼓励

教师总结学习计划的核心要点，鼓励学生坚持执行并不断调整。

强调学习计划的个性化和灵活性，以及保持乐观态度的重要性。

课程总结：

通过此次分享会，学生们不仅学习到了制订和执行学习计划的具体方法，还从优秀同学的实际案例中获得了灵感和动力。活动不仅提升了学生们的自我管理能力，也激发了他们对学习目标的追求和达成目标的信心。更重要的是，学生们认识到，学习计划不仅是时间管理的工具，更是自我成长和提升的重要手段。

扩展习题

1. 制订学习计划时，以下哪项是正确的做法？（　　）
   A. 每天都要调整学习计划
   B. 只关注每天的学习量
   C. 根据自己的实际情况和学习习惯来制订
   D. 完全模仿他人的计划
2. 如果你在执行学习计划时遇到困难，你应该怎么做？（　　）
   A. 放弃计划　　B. 寻求帮助或寻找解决方法
   C. 忽视困难继续执行　　D. 随意变更计划
3. 制订学习计划时，以下哪项是不可取的？（　　）
   A. 设定明确的学习目标　　B. 安排适当的休息时间
   C. 只为自己喜欢的科目制订计划　　D. 定期评估和调整计划
4. 以下哪个时间段最适合进行背诵记忆任务？（　　）
   A. 清晨起床后　　B. 午饭过后　　C. 玩乐过后　　D. 午睡前
5. 制订学习计划的主要目的是什么？（　　）
   A. 赢得老师和家长的表扬　　B. 跟同学进行攀比
   C. 提前完成老师布置的作业　　D. 提高学习效率，弥补学习上的短板

答案：C　B　C　A　D

互动交流 2　课堂上的好习惯

在一个阳光明媚的早晨，初中的校园里弥漫着青春的气息。周南，一个平时就热爱学习的孩子，早早地来到了教室，为即将开始的新课程做好了准备。他知道，课堂上老师会讲解大量知识，而养成良好的学习习惯，对于他的学习生涯至关重要。

当铃声响起，老师走进教室时，周南已经坐得端端正正，眼神里充满了对知识的渴望。他知道，全身心地投入课堂，不仅仅是认真听讲，更是要用脑思考，用眼观察，用口提问，用手记录。

今天的课程内容是关于历史事件的分析。老师详细地讲解着，周南则紧跟着老师的思路，不时地在笔记本上记录下关键点。每当老师提出问题，他总是第一个举手，尽管有时他的回答并不完全正确，但他从不气馁，总是认真听取老师的解答，并在心中默默反思。

然而，课堂上的注意力并不总是那么集中。有时，周南的思绪会不自觉地飘向窗外，想象着运动场上同学们奔跑的身影。每当这时，他都会迅速地提醒自己，将注意力重新拉回到课堂上。他明白，课堂上的每一分每一秒都是十分宝贵的。

为了更好地抓住老师讲解的关键内容，周南养成了好的学习习惯——预习和归纳。在预习时，他会将课程的重点整理在一个表格里，对于自己已经理解的内容，他会简要地填写在表格上；而对于自己不理解的部分，他会留下空格，等待在课堂上寻求答案。

当老师在课堂上讲解到表格中的空格内容时，周南总是听得格外认真。他会将老师讲解的知识点归纳起来，记录在表格中，形成自己的知识体系。这样的方法不仅帮助他更好地理解了课程内容，还培养了他的归纳和总结能力。

除了认真听讲和记笔记，周南还非常注重课后的复习和巩固。每当一堂课结束后，他都会及时回顾自己记下的笔记，将老师讲解的知识点在脑海中再次梳理一遍。如果遇到不理解的地方，他会及时向老师请教，直到弄清楚为止。

周南的好习惯让他不仅在课堂上收获满满，而且在同学中树立了榜样。他的同学们开始模仿他的学习方法，也逐渐养成了良好的学习习惯。整个班级的学习氛围变得越来越浓厚，大家的学习成绩也有了明显的提高。

时光荏苒，周南已经步入了初三的关键时期。凭借着课堂上的好习惯和不懈的努力，他的学习成绩一直名列前茅。他知道，这些好习惯将伴随他走过中考的考场，走向更广阔的知识海洋。

1. 请学生举手分享，当在课堂上出现注意力不集中时，是如何提醒自己重新集中注意力的。
2. 请学生以小组讨论的形式，说一说在课堂上为什么要积极与教师互动。
3. 课堂接力赛：教师提前准备好若干卡片，将学生分组，每组排成一列，每组的第一位学生面向教师，后面的学生背对教师。教师展示一张卡片，上面的数字或字母是已知的，例如“A”。第一位学生需要快速记住这个数字或字母，并传递给后面的同学。传递时不能说话，只能通过动作或手势示意。每组的最后一位学生在得到信息后，需要迅速跑到黑板前，写下他 / 她所接收到的数字或字母。在规定时间内，写出最多正确答案的小组获胜。

评析

故事讲述了初中生周南通过培养良好的课堂学习习惯，如提前预习、专注听讲、积极互动、认真做笔记、及时复习等，不仅自己在学习上取得了显著进步，还带动了班级形成积极向上的学习氛围，展现了良好的学习习惯对个人和集体学习成效的重要影响。

如何培养良好的课堂学习习惯？

★**预习准备**：课前预习，了解课程的大致内容，标记疑问点。

★**专注听讲**：课堂上全神贯注，跟随教师的思路，积极思考。

★**主动互动**：勇于提问，参与课堂讨论，提高课堂参与度。
★**有效笔记**：记录重点和难点，形成个人知识框架。
★**及时复习**：课后及时回顾，巩固记忆，解决遗留问题。

活动设计：小组讨论“课堂互动的重要性”
活动目标：
★认识到课堂互动在学习过程中的积极作用。
★学习如何有效地与教师互动，提高学习效率。
★增强主动学习的意愿和积极性。
★提升自信，勇于表达个人观点和疑惑。
活动流程：
★导入阶段
回顾周南的故事，引出课堂互动的话题。
教师简述互动在学习中的重要性，激发学生兴趣。
★分组讨论
将学生分成 4~6 人小组，每组分配一个讨论主题。
主题 A：积极互动如何帮助理解难点？
主题 B：提问对个人学习和课堂氛围有何影响？
主题 C：如何克服害羞心理，勇于提问？
主题 D：有效笔记与课堂互动之间有何关联性？
各组展开讨论，记录关键点。
★小组汇报
每组选一名代表，分享讨论成果。其他小组成员可以提问或补充，促进全班交流。
★角色扮演
选取几个场景，如“如何有效提问”“如何回应老师的提问”，进行角色扮演。
实践如何在不同情境下与教师进行有效互动。
★总结反馈
教师总结各组讨论亮点，强调课堂互动的价值。
鼓励学生分享个人感受，提出今后课堂互动的个人目标。
★行动计划
学生制定个人课堂互动的小目标，如“下次课至少提问一次”。
学生间相互监督，形成正向激励。

课程总结：

通过本次小组讨论活动，学生不仅深入理解了课堂互动对提升学习效率和营造积极学习氛围的重要性，还学会了如何克服障碍、主动与老师互动。活动促进了学生的自我反思和相互学习，激发了学生在课堂上的主动性。这种从理论到实践的学习方式，有助于学生在日常学习中真正落实良好的课堂学习习惯，为他们的学习之旅铺设坚实的基石。

扩展习题

1. 在课堂上，当老师提问时，你应该怎么做？（　　）
   A. 认真听问题，然后积极思考并尝试回答
   B. 埋头做自己的事情，不参与讨论
   C. 与同学聊天，不关注老师的提问
   D. 大声喧哗，扰乱课堂纪律
2. 在课堂上，当老师讲解重要知识点时，你应该怎么做？（　　）
   A. 和同学聊天，分享昨天发生的事情　B. 关注窗外风景或看课外书
   C. 认真听讲，做好笔记　D. 打瞌睡
3. 在进行课堂讨论时，以下的行为正确的是（　　）。
   A. 大声喧哗，争夺发言机会　B. 尊重他人，有序发表观点
   C. 私下聊天，不关心讨论内容　D. 不参与讨论，保持沉默
4. 在课堂上保持专注是为了（　　）。
   A. 避免被老师批评　B. 减少课后作业
   C. 与同学攀比　D. 及时跟进学习进度，理解知识点
5. 在课堂上，正确记笔记的方式是（　　）。
   A. 不用做笔记，只需听讲
   B. 完全照搬老师的板书
   C. 按照其他人的习惯照抄笔记
   D. 记录关键知识点，方式符合自己的学习习惯

答案：A　C　B　D　D

互动交流 3　养成提问的好习惯

在初中的课堂上，有一个名叫方方的学生，他总是默默地坐在教室的角落，从不主动发言，也鲜少向老师提问。他觉得那样做会让老师觉得他不够聪明。其实他的内

心深处充满了对知识的渴望和对问题的好奇。

一天，他们的班级迎来了一位新的语文老师。新语文老师是一位和蔼可亲、鼓励学生自由发言的老师。在她的课堂上，方方第一次感受到了提问的乐趣和重要性。

有一次，老师讲解了一篇古文，其中有一句话方方没有理解。他犹豫了一下，但还是鼓起勇气举手发问。老师耐心地为他解答，并且鼓励他要多思考多提问。那一刻，方方的心中充满了喜悦和成就感。

自那以后，方方开始尝试在课堂上积极发言，提出自己的问题。他发现，提问能帮助自己更好地理解知识。

然而，方方也会遇到一些难以启齿的问题，或是担心自己的问题太简单而被同学嘲笑。但他最终都会鼓起勇气，将自己的疑问大胆地说出来，让老师和同学们一起帮助他解决问题。

同时，方方也学会了在提问前先进行深入思考。因为他知道，只有通过提问和思考，才能不断进步。慢慢地，他的提问越来越有深度，越来越接近知识点背后的本质，这也让他的学习变得更加高效和有趣。

随着时间的推移，方方逐渐养成了良好的提问习惯。他不仅在课堂上敢于提问，还敢于在课外向老师和同学请教。

还有一次，方方遇到了一道特别难的数学题，他苦思冥想了好几天都没有找到答案。但他并没有放弃，而是决定向班里的数学尖子生请教。经过一番讨论和交流，他终于找到了解题的关键，成功攻克了这道难题。

最终，方方成为班级中的学习标兵和同学们的榜样。他的转变不仅让自己受益匪浅，也给周围的人带来了积极的影响。他用自己的行动证明了提问的力量和价值，也让更多的人意识到了养成提问好习惯的重要性。

案例分析：如何向老师请教

初中生小明坐在自己的房间里，眉头紧锁。他手中拿着一张数学试卷，上面有几个鲜红的叉，显然他在某些题目上遇到了困难。小明知道，要想在数学上取得好成绩，他必须弄懂这些有疑惑的地方。于是，他决定去找数学老师请教。

在去找老师之前，小明先做好了充分的准备。他拿出一个本子、一支笔，开始梳理自己近期学习数学的盲点和疑点。经过一番思考和整理，他列出了五个问题，每个问题旁边都标注了出现的原因和涉及的知识点。小明知道老师每天都很忙，所以在去请教之前，他先去了老师的办公室，礼貌地询问老师是否有时间。老师看到小明如此有诚意，便答应了他在放学后为他解答疑惑。

（教师板书步骤一：请教前，先列出问题清单，准备相关物品，包括一个本子和一支笔。）

放学后，小明如期来到老师办公室，礼貌地对老师说："老师，我有些问题弄不明白，您有时间为我解答一下吗？"随后将自己的问题讲述给老师，老师听后开始逐一为小明解答。每当老师讲解完一个问题，小明都会认真地思考，并在本子上做好记录。

（教师板书步骤二：请教过程中，要有礼貌，要尊重老师。）

在请教的过程中，小明遇到了一个特别难懂的概念。他担心自己理解不了，会耽误老师的时间，但他还是鼓起勇气，诚恳地向老师请教。他说："抱歉，老师，我对您刚才说的还是有点不明白，我们可以再过一遍吗？"老师笑了笑，看出了小明的困惑，耐心地为他解释，直到他完全明白为止。

（教师板书步骤三：请教过程中，要全神贯注，不懂就问，刨根问底。）

经过一番深入的交流和探讨，老师对小明的学习情况有了更全面的了解。她不仅为小明解答了疑惑，还为他提供了一些有效的学习方法和建议。小明感到受益匪浅，他深深地感谢了老师。

（教师板书步骤四：请教结束前，请老师对自己的学习进度和情况做评估。）

离开老师办公室后，小明按照自己的习惯，根据记录本上的内容，重温了老师所讲的要点，包括所问问题、老师针对性的解答、追问的内容、老师的进一步分析、老师对自己学习状况的评估、老师建议的改进方法等。

（教师板书步骤五：请教结束后，及时进行温习和回顾。）

评析

故事讲述了初中生方方从一个默默无闻、不敢提问的学生，在新语文老师的鼓励下，逐渐学会并勇于在课堂上提问，最终成为学习标兵的过程。方方的经历展示了提问对于加深理解、促进思考和提升学习效率的重要性。同时，方方也克服了害怕提问的心理障碍，学会了如何有效地向老师请教，包括事先准备、礼貌交流、深入探讨以及复习巩固，这些策略使他的学习之路更加顺畅。

请教老师的步骤：

★**准备阶段：**在请教前，列出具体的问题清单，并准备好笔记本和笔，对问题进行初步的梳理和自我分析，明确需要解答的核心点。

★**礼貌沟通：**在寻求老师帮助时，以礼貌的方式询问老师是否有空闲时间，展现对老师的尊重。

★**专注交流**：在请教过程中，全神贯注听讲，遇到不懂的地方即时提问，不畏惧重复询问，直至彻底理解。

★**反馈与建议**：请教结束前，请老师对个人的学习情况给予评价，并寻求学习方法或策略上的建议。

★**复习巩固**：请教后，及时回顾和整理笔记，加深记忆，确保学到的知识能够被真正吸收并应用。

活动设计：提问技巧工作坊

活动目标：

★让学生掌握有效的提问技巧，学会如何清晰表述问题，以及如何在学习中运用提问来深化理解。

★增强学生的自信心，减少提问时的恐惧感，培养积极主动的学习态度和批判性思维能力。

活动流程：

★导入环节

分享方方的故事，引导学生讨论提问的重要性及其在学习过程中的作用。

★技巧讲解

教师概述有效提问的几个关键要素（如明确问题、简洁表达、主动倾听等），并结合实例进行说明。

★小组演练

分组讨论，每组选定一个学科内的难点问题，练习如何清晰、有条理地提出问题。

组内进行角色扮演，轮流扮演提问者和解答者，模拟提问与回答的过程。

★正式请教

每组选出代表，向教师现场提问，其他同学观察提问技巧的应用。

教师提供反馈，强调提问时的正面行为和可以改进之处。

★反思总结

学生分享本次活动中自己的收获和感受，特别是提问前后心态的变化。

教师总结提问的重要性和技巧，鼓励学生在日常学习中积极实践。

★作业布置

每位学生在接下来的一周内，至少向任课老师提出一个问题，并记录下提问的过程、老师的回答及自己的感悟，下周课堂上分享。

课程总结：

通过本次“提问技巧工作坊”，学生探索了提问这一学习过程中的重要环节。学生不仅学会了如何有效地向老师请教，而且开始认识到提问的价值在于激发思考、深化理解，并非是展示无知。希望每位学生都能将今天学到的技巧应用到日常学习中，勇敢地提出问题，享受知识探索的乐趣，共同营造积极互动、勇于探究的学习氛围。

扩展习题

1. 提问时，以下哪种做法是正确的？（　　）

   A. 不经过思考就随便提问　　B. 提问前先进行思考或自己解决

   C. 只在老师要求时才提问　　D. 提问时态度傲慢

2. 下列哪项不是养成提问好习惯带来的好处？（　　）

   A. 增强自信心　　B. 提高学习效率

   C. 减少与同学的交流　　D. 培养沟通交流的能力

3. 为什么我们应该在课堂上勇于提问？（　　）

   A. 因为提问有助于我们理解和掌握知识

   B. 因为老师喜欢提问的学生

   C. 因为提问可以获得老师的夸赞

   D. 因为提问可以让我们获得同学的崇拜

4. 下列哪项不是提问时应有的态度？（　　）

   A. 不耐烦　　B. 尊重他人　　C. 耐心倾听　　D. 礼貌用语

5. 下列哪个行为体现了提问的好习惯？（　　）

   A. 在课堂上大声打断老师，开始提问　　B. 在课后私下向老师请教问题

   C. 随意向同学提出无关紧要的问题　　D. 只在考试前才提问

答案：B　C　A　A　B

互动交流 4　养成自学的好习惯

小亮是一个聪明伶俐的孩子，但他有一个小小的缺点：过于依赖他人。在学习中，每当遇到难题，他总是习惯性地求助父母或老师，而不是自己思考解决。因此，虽然小亮的学习成绩不错，但他缺乏自信和独立思考的能力。

小亮的表哥李华则十分擅长自学。他热爱阅读，善于思考，总是能够自己解决遇到的问题。看到小亮过于依赖他人，李华决定帮助他养成自学的好习惯。

一个周末，李华带着小亮去了市图书馆。他向小亮展示了各种各样的书籍，并告诉他："小亮，知识就像一座宝藏，只有你自己去挖掘，才能找到属于你的宝贝。"小亮被李华的话深深地打动，他决定开始尝试自学。

起初，小亮并不知道该从哪里开始。于是，李华建议他从自己感兴趣的领域入手。小亮一直对科学感兴趣，于是他决定从科普书籍开始自学。他每天利用课余时间，认真阅读科普书籍，并记录下自己的疑惑和思考。

不久，小亮发现自己不再像以前那样依赖他人了。当他遇到难题时，他会先尝试自己思考解决，而不是立刻求助于他人。他发现，通过自己的努力，很多问题都能迎刃而解。这种感觉让小亮充满了成就感，也让他更加坚定了自学的决心。

随着时间的推移，小亮的自学能力越来越强。他不再满足于仅仅阅读科普书籍，开始尝试学习更复杂的学科知识。他利用互联网资源，找到了很多适合自学的教程和习题，努力提升自己的学习能力。

在这个过程中，小亮也发现了自己的特长和兴趣所在。他发现自己对物理特别感兴趣，于是在自学的过程中，他更加专注于物理学科的学习。他利用课余时间做了很多简单的物理实验，不仅加深了对物理知识的理解，还培养了自己的动手能力和创新思维。

小亮的努力并没有白费。在一次学校的物理竞赛中，他凭借自己的自学成果，取得了优异的成绩。这次成功让小亮更加自信，也让他更加坚定了继续自学的信念。

就这样，小亮通过自己的努力，养成了自主学习的习惯。小亮不断通过自学探索知识的宝藏，享受着自学带来的乐趣和成就感。在这个过程中，小亮不仅提升了自己的学习能力，还培养了独立思考和解决问题的能力，为未来的成功打下了坚实的基础。

1. 请学生思考并回答，自学和课堂学习有什么不同，自学需要掌握哪些关键技能。
2. 请学生在小组内交流，说一说自己是否尝试过自学，在自学的过程中遇到了哪些困难和挑战，是如何解决的。讨论过后选一位代表上台进行分享。
3. 教师设置一项自学挑战，比如在一周内自学一定数量的新英语单词，或者制作一个关于某个科学原理的简单模型。这样的挑战能激发学生的自学兴趣，并帮助他们体验自学的成就感。

评析

故事讲述了一个名叫小亮的孩子在表哥李华的帮助下，从一个依赖性强的孩子转变为一个能够自主学习、独立思考的学生的过程。小亮通过在图书馆得到启发、从兴趣出发进行自学尝试、利用网络资源深入学习，最终在物理竞赛中取得佳绩，从而树立了自信，深刻体会到了自学的价值和乐趣。

自学的重要性：

★**提升自主性与独立性：**自学促使学生学会独立解决问题，减少对外界帮助的依赖，增强自我驱动。

★**深化理解和记忆：**主动探索知识比被动接受更能加深理解和长期记忆。

★**发现兴趣与潜能：**在自学过程中，学生可以根据个人兴趣选择学习内容，有助于发现自己的潜能和特长。

自学的方法：

★**设定明确目标：**根据自身需求和兴趣，设定短期与长期的学习目标。

★**选择合适资源：**充分利用图书、网络课程、视频教程等多种学习资源。

★**制订学习计划：**合理安排时间，保持学习的连续性和系统性。

★**主动实践与应用：**通过做笔记、做实验等方式将理论知识转化为实际技能。

★**反思与调整：**定期评估学习效果，根据反馈调整学习方法和策略。

活动设计：一周英语词汇探索挑战

活动目标：

★每位学生在一周内自学并掌握至少 30 个新英语单词，提升词汇量，增强语言学习能力。

★激发学生自学兴趣，培养自律性、毅力和成就感，增强自信心。

活动流程：

★启动会议

引入自学的重要性，分享小亮的故事作为激励。

教师介绍挑战规则，指导学生如何设定个人学习目标、选择学习资源（如单词 App、在线词典等）。

学生设定个人目标，并进行分组，每组 5 人，设立小组长负责监督和鼓励。

★自学实施（一周内）

学生利用课余时间自学新单词，记录学习过程，包括学习时间、学习方法和遇到的难点。

小组长每天通过群聊或小组会议，检查进度，分享学习技巧，互相激励。

★中期检查（第 4 天）

教师组织一次小测试，检验学生的掌握情况，提供个性化反馈和调整建议。

组织分享会，邀请几位学生分享自学心得，讨论遇到的困难及解决方案。

★成果展示（第 7 天）

学生准备一份词汇报告，包含新学单词列表、用法示例、学习感受等。

举办单词接龙、造句比赛等趣味活动，展示学习成果，增加互动性和趣味性。

★总结表彰（第 8 天）

教师总结活动，表彰进步显著和表现突出的学生，颁发证书或小奖品。

全班讨论自学过程中的收获与挑战，反思学习方法，鼓励持续自学。

课程总结：

通过本次“一周英语词汇探索挑战”，学生不仅增加了词汇量，而且体验了自学的魅力，学会了如何设定目标、选择资源、自我管理和克服困难。希望大家能够将这种自学精神延续到今后的学习生活中，不断探索未知，挑战自我，让自学成为成长道路上最宝贵的财富。知识的海洋广阔无垠，每一次自学都是向更深处的勇敢探险，愿大家都能成为自己学习旅途的掌舵人。

扩展习题

1. 当在自学过程中遇到困难时，应该怎么做？（　　）

A. 坚持自己思考，尝试多种方法解决问题

B. 立刻放弃，觉得自己不适合自学

C. 忽略问题，继续学习其他内容

D. 不听取他人意见，固执己见

2. 为了养成良好的自学习惯，应该如何安排学习时间？（　　）

A. 只在考试前突击学习

B. 随意安排，没有固定计划

C. 频繁、无计划地更换学习内容和形式

D. 每天固定时间进行自学

3. 关于自学，以下哪个说法是正确的？（　　）

A. 自学与课堂学习相互冲突

B. 自学时应该完全依赖自己的学习资料

C. 自学需要自律和计划，能够培养独立思考的能力

D. 自学只适合学习成绩优秀的学生

4. 自学时，以下哪种心态最有助于坚持下去？（　　）

A. 反正我也不可能学会，还是放弃吧

B. 只要努力认真，我一定能克服困难，掌握新知识

C. 别人都不自学，我为什么要自学

D. 自学太难了，我还是等老师来教吧

5. 小红为了学习编程，自己在网上找到了很多教程并坚持每天学习，她的这种做

法属于哪种学习方式？（　　）

A. 被动学习　　B. 合作学习　　C. 自主学习　　D. 课堂学习

答案：A　D　C　B　C

互动交流5　养成课外开拓思维的习惯

在一个初秋的午后，阳光透过树叶的缝隙洒在一名初中生的书桌上。这名初中生名叫李浩，他是一个喜欢阅读的孩子，但他也意识到仅靠阅读并不能完全吸收书中的知识，他需要将这些知识应用到实际生活中。

李浩记得朱熹曾经提到的读书六法中的第四法——切己体察。他决定要将这个方法付诸实践，将所读的书与现实生活相结合。于是，李浩开始了他的课外开拓思维的旅程。

一次，他在阅读一本关于环境保护的书时，被书中的内容深深吸引。书中讲述了环境污染的严重性，以及每个人都可以为环保做出贡献的事实。李浩决定要将这些知识应用到他的日常生活中。

他开始关注自己生活中的环保行为。他学会了垃圾分类，减少了塑料的使用，开始骑自行车上学以减少碳排放。他还鼓励他的家人和朋友一起参与环保行动。

李浩的行为引起了学校环保社团的注意。他们邀请他加入社团，并希望他能帮助社团组织一些环保活动。李浩欣然接受了邀请，并开始策划一次校园环保日。

在这次活动中，李浩利用他在书中学到的知识，设计了一系列有趣且富有教育意义的环保游戏和讲座。他鼓励同学们参与进来，通过亲身实践来体验环保的重要性。

活动取得了成功，不仅提高了同学们的环保意识，也让他们学会了如何将所学知识应用到实际生活中。李浩的出色表现也得到了老师和同学们的赞赏。

李浩并没有满足于此，他决定要进一步拓宽自己的视野。他开始涉猎其他领域的书籍,从科学到艺术,从历史到哲学,他都一一涉猎。这些书籍不仅丰富了他的知识体系，也开拓了他的思维。

李浩课外开拓思维的习惯不仅让他在学业上取得了优异的成绩，也让他在生活中变得更加自信和独立。他明白，只有不断学习和实践，才能不断提升自己，成为更好的自己。

1. 请同桌之间互相分享，在日常生活中有哪些方法可以有效地积累课外知识。
2. 请学生举手说一个目前学习中遇到的难题，其他人可以就这个难题出谋划策。
3. 跨学科知识探索挑战：教师事先准备一系列关于不同学科（如历史、科学、文学、艺术等）的知识卡片。学生们分成几个小组，每个小组轮流从知识卡片堆中抽取一张卡片。小组内的成员需要讨论并快速回答卡片上的问题。每答对一个问题，该小组就获得一分。

评析

故事讲述了初中生李浩将朱熹提倡的“切己体察”的读书方法应用于实际，从阅读环保书籍开始，逐步将知识融入生活，改善自己的环保行为，参与环保社团活动，组织校园环保日，再到探索多元领域知识，最终实现了个人成长与能力提升。

课外拓展思维的方法：

★**实践应用：**鼓励学生将所学知识应用于日常生活，解决实际问题。

★**跨学科探索：**鼓励学生阅读和学习不同领域的知识，促进思维的多元化。

★**团队合作：**通过组织活动或项目，提升团队协作和领导能力。

★**创新与实践：**动手制作或参与项目，将理论转化为实物或解决方案。

活动设计：跨学科知识探索挑战

活动目标：

★增进学生对跨学科知识的了解，提高快速反应和团队协作能力。

★激发学生对知识探索的兴趣，培养勇于挑战自我、团队合作的精神。

活动流程：

★准备阶段

教师准备知识卡片，每张卡片上写有不同学科的一个问题，确保覆盖历史、科学、文学、艺术等多个领域。

将学生分为4~6人小组，每组围坐一桌，准备纸笔记录答案。

★规则说明

每组轮流抽取一张知识卡片，限时2分钟进行讨论并给出答案。

回答正确加1分，错误不扣分。比赛结束时，分数最高的小组获胜。

★挑战进行

开始挑战，每组轮流抽取卡片，小组内部迅速讨论后给出答案。

教师或指定学生记录分数，保持比赛节奏流畅。

鼓励小组间在遵守规则的前提下，适当交流，形成友好竞争氛围。

★总结反馈

活动结束后，公布得分，对获胜小组进行表扬。

邀请学生分享活动中有趣或有启发性的知识点，讨论学习心得。

教师总结跨学科学习的意义，鼓励学生课外继续探索不同领域的知识。

课程总结：

通过“跨学科知识探索挑战”，学生们不仅在轻松愉快的氛围中学习到了不同学科的知识，还锻炼了快速思考、团队合作和随机应变的能力。活动激发了学生对知识的好奇心，增强了他们将知识应用于实践的意愿，同时也促进了班级内的交流合作，构建了一个积极向上、勇于探索的学习环境。

扩展习题

1. 关于阅读课外书籍，以下哪项描述是正确的？（　　）

   A. 阅读课外书籍只会浪费时间

   B. 广泛阅读课外书籍只适合学习成绩好的学生

   C. 广泛阅读课外书籍有助于拓展知识面

   D. 学生只能阅读课本和参考书

2. 积累课外知识的目的是（　　）。

   A. 应对老师的提问

   B. 拓宽知识面，培养对知识的兴趣和好奇心

   C. 与课内知识产生冲突

   D. 与同学攀比

3. 在面对学习上的挑战时，我们应该怎么做？（　　）

   A. 回避挑战，认为自己不行

   B. 无视挑战，认为与自己无关

   C. 只做自己有把握的部分

   D. 敢于接受挑战，直面难题

4. 关于参与创造性实践活动，以下哪项说法正确？（　　）

   A. 能够将理论知识与实际操作相结合，培养创新思维

   B. 与课本内容无关，没有必要参与

   C. 只适合有天赋的学生，普通学生没必要参与

   D. 只会浪费时间和精力，没有实际作用

5. 为了养成课外开拓思维的习惯，以下哪种做法是正确的？（　　）

   A. 只专注于课本内容，不接触其他信息

   B. 广泛学习，探索不同领域的知识

   C. 忽视课外活动，认为它们不重要

   D. 只学习感兴趣的学科，回避其他领域

答案：C　B　D　A　B

1.3 赋予学习价值感（高中生适用）

对于每一个正在成长的高中生来说，学习不仅仅是为了考试和成绩，更是为了塑造自我、发现潜力和实现价值。在日复一日的学习中，我们或许有时会感到迷茫和困惑，不知道学习的真正意义在哪里。但请相信，每一分努力都不会白费，每一滴汗水都会浇灌出成功的花朵。

今天，通过这次主题班会，让我们一起探讨如何赋予学习价值感，如何让学习变得更加有意义和充满动力。

我们常常听到一些伟大的名人谈论价值的重要性。对于高中生来说，学习是当前的任务，是生活的重心。如果能够在学习中找到价值感，就能在学习中获得满足和乐趣。以下是有关价值的名人名言，请大家仔细阅读，想一想，你是如何理解价值的。

1. “只有在以某种有价值的东西做目的时，生命才有价值。”——黑格尔
2. “人生最终的价值在于觉醒和思考的能力，而不只在于生存。”——亚里士多德
3. “一个人的价值和评价在于心灵与意志。”——蒙田
4. “生活本身没有任何价值，它的价值在于怎样使用它。”——卢梭
5. “一个人的价值，全决定于他自己。”——高尔基
6. “人的价值蕴藏在人的才能之中。”——马克思
7. “支付的是价格，获得的是价值。”——巴菲特
8. “你若要重视自己的价值，就得给世界创造价值。”——歌德

互动交流 1 拥有价值感的表现

张悦和李晨是高中同班同学，两人性格迥异，但在一次班级活动中，他们都有了深刻的自我认识。

张悦是一个成绩优异的学生，总是得到老师和同学们的赞赏。然而，她内心深处总觉得有些不自在。她觉得自己的价值只体现在成绩上，一旦成绩下滑，她就会感到自己毫无价值。

李晨则是一个性格开朗、乐于助人的同学。她成绩中等，但她从不为此感到自卑，总是积极地参与班级活动，帮助需要帮助的同学。

一天，班级组织了一次户外拓展活动，要求同学们分组完成一些任务。张悦和李晨被分到了同一组。

任务之一是在树林中收集木材。张悦因为害怕虫子而犹豫不决，而李晨则毫不犹豫地走在前面，鼓励张悦跟上。张悦在李晨的鼓励下，鼓起勇气跟了上去。她发现，原来自己恐惧的事物并不那么可怕，只要有人陪伴，她就能勇敢地面对。

在接下来的任务中，张悦和李晨互相帮助，共同克服了许多困难。活动结束后，张悦和李晨坐在一起，回忆着刚刚的经历。张悦感慨地说："我以前总觉得自己的价值只在于成绩，但现在我发现，原来我还有很多其他的优点。我不再那么在意成绩了，因为我知道自己的价值不仅仅在于这个。"

李晨笑着点头，说："我也是。我以前总觉得自己的成绩不够好，但现在我明白了，每个人都有自己独特的价值。我不需要和别人比较，只需要做好自己，发挥自己的优点，就能找到属于自己的价值感。"

两人相视而笑，仿佛在这一刻，她们都找到了属于自己的价值感。她们明白，价值感不是来自别人的评价，而是来自自己内心的认可。只有当我们真正接纳自己、珍惜自己，才能找到真正的价值感。

从此以后，张悦不再过于在意自己的成绩，而是更加关注自己的成长和进步。她勇敢地面对自己的恐惧和挑战，不断地拓展自己的能力和视野。她的自信和自尊得到了提升，她也更加珍惜和接纳自己。

李晨则继续保持她的乐观和积极，她用自己的行动和态度影响着周围的人。她知道自己的价值所在，也乐于与他人分享自己的经验和快乐。她的自我接纳和自强精神让她更加坚定地走自己的路，追求自己的梦想。

这次班级活动让张悦和李晨都有了深刻的自我认识。她们明白了人的价值不仅仅在于成绩优异或者性格开朗，更包括了自尊、自强、自信和自我接纳等多方面的品质。只有当自己真正理解和拥抱这些品质时，才能找到属于自己的价值感，成为更好的自己。

1. 请学生举手回答，说一说自己是如何理解价值感的。
2. 同桌之间互相说一说，觉得自己在哪一方面最自信，又是如何培养和保持这份自信的。
3. 自我探索与价值发现之旅：将全班学生分为两组，一组负责写问题纸条，如"你觉得自己最厉害的是哪一方面？"等；另一组学生则随机抽取问题纸条进行回答。此游戏可以加深学生对自我的认识和对价值感的理解。

评析

故事讲述了高中同班同学张悦和李晨通过一次班级户外拓展活动，经历了自我认知的深刻转变。张悦是一个成绩优异但过度依赖成绩来评价自我价值的学生，在面对自然挑战时，经过李晨的鼓励，她意识到除了学业成绩外，勇敢、坚韧和团队合作也是她重要的价值体现。李晨虽然成绩中等，但却以她的乐观、积极和乐于助人的品质，在活动中展现出独特的价值。这次经历使二人认识到，真正的价值感源于内心的自我认可，包括自尊、自强、自信和自我接纳等多个方面。

价值感的定义：价值感是个体对自身存在意义、能力和贡献的内在肯定，是基于自我认同和自我实现的正面情感体验。

拥有价值感的表现：

★**自我接纳：**认识到并接受自己的优点与不足，不因外界评价而动摇自我价值。

★**自尊自信：**相信自己的价值，敢于表达自我，勇于面对挑战。

★**积极态度：**面对困难时保持乐观，能够从中寻找成长的机会。

★**自我成长：**不断追求进步，愿意探索新知，拓展能力边界。

★**贡献意识：**乐于助人，通过帮助他人彰显个人价值，形成正向的社会互动。

活动设计：自我探索与价值发现之旅

活动目标：

★加深学生对自我价值感的认识，理解价值感的多元表现。

★增强学生的自尊、自信，促进自我接纳，激发积极向上的态度。

活动流程：

★准备阶段

将全班学生随机分为“提问组”和“回答组”。

提问组成员每人准备至少3个问题纸条，问题围绕个人价值、成就、挑战与自我认知，如：“描述一次你克服困难的经历”“你认为自己最独特的能力是什么？”等。

★挑战阶段

回答组学生随机抽取问题纸条，每人抽取一至两个问题，进行思考后，面向全班分享自己的回答。

回答结束后，鼓励其他同学提出建设性反馈或共鸣分享，但需保持尊重与正面的交流氛围。

★反思与分享

活动结束后，邀请几位学生分享参与活动的感受，尤其是对自己价值感的新认识。

教师引导全班进行集体反思，讨论哪些行为和态度能促进个人价值感的提升。

★总结与延伸

教师总结活动亮点，强调价值感的多样性，鼓励学生在日常生活中积极发现和培养自己的价值。

★布置家庭作业

每位学生写下自己的三个优点和想要提升的能力，并制订一个提升计划。

课程总结：

通过今天的“自我探索与价值发现之旅”，学生认识到自己的独特价值和成长潜力。价值感不是单一的成绩或外在评价所能定义的，它源于内心，体现在我们的每一次自我超越、每一次对他人的帮助、每一次勇敢的尝试之中。希望学生能够从今天的活动中汲取力量，学会自我接纳与欣赏，同时不断挑战自我，勇敢地追寻自己的梦想。

扩展习题

1. 你能够接受自己的优点和缺点，并且不因为自己的不完美而感到沮丧，这是哪种价值感的表现？（　　）

A. 自信　　B. 自强　　C. 自尊　　D. 自我接纳

2. 应该如何看待自己与他人的差异？（　　）

A. 认为自己不如他人　　B. 只看到他人的缺点，无视他人优点

C. 尊重并欣赏人与人之间的差异　　D. 试图改变自己去迎合他人

3. 当你在公共场合犯错时，你应该如何反应？（　　）

A. 感到羞愧并隐藏　　B. 承认错误并寻求改正

C. 责怪他人　　D. 无视错误

4. 当取得了优异的成绩或成功时，应当如何归因？（　　）

A. 是自己努力的结果　　B. 运气好，与个人无关

C. 是因为他人的帮助　　D. 任务或事情本身不难

5. 当别人对你的观点或能力提出疑问时，应当如何回应？（　　）

A. 感到沮丧，怀疑自己　　B. 冷静分析，用事实回应

C. 愤怒反驳，与他人产生冲突　　D. 逃避问题，不愿回应

答案：D　C　B　A　B

互动交流 2　价值感的来源

在一个阳光明媚的下午，高中课堂里充满了学生们的欢声笑语。今天是心理课，老师决定用一个特别的方式来讲解马斯洛需求层次理论，并探讨价值感如何来源于这些需求。

老师首先向学生们介绍了马斯洛提出的五个需求层次：生理需求、安全需求、社交需求、尊重需求和自我实现需求。然后，她提出了一个有趣的任务：每个人都要扮演一个角色，通过角色扮演来展示这些需求如何影响人们的价值感。

第一，老师选了一个同学扮演一个饥饿的人。她给这个同学一个苹果，让他描述吃苹果时的感受。同学兴奋地说："当我咬下第一口时，我感觉到了满足和幸福，因为苹果满足了我最基本的生理需求。"其他同学纷纷点头，意识到即使是最基本的生理需求，也能带来强烈的价值感。

第二，老师请一个平时胆小怕事的同学扮演一个迷路的孩子。她给这个同学一个指南针，让他描述找到方向后的感受。孩子激动地说："当我看到指南针指向家的方向时，我感到安心和踏实，因为我知道自己现在是安全的。"这让同学们明白，安全需求对于价值感的重要性。

第三，老师让几个同学组成一个小团队，扮演一群朋友。她给团队一个任务：合作完成一幅画。团队成员们互相交流、协作，最终完成了一幅美丽的画作。他们兴奋地展示给全班看，并说："在合作的过程中，我们感受到了彼此的关心和支持，这让我们觉得很有价值。"这让大家深刻体会到社交需求对于提升价值感的作用。

第四，老师邀请了一个平时表现平平的同学上台，让他扮演一个演讲者。她鼓励这个同学大胆表达自己的想法，并给予积极的反馈。在老师和同学们的鼓励下，这个同学逐渐变得自信起来，他的演讲也赢得了大家的掌声。他激动地说："从未想过自己能在这么多人面前演讲并得到认可，这让我感受到了从未有过的尊重和价值。"这让大家意识到尊重需求对于个人价值感的重要性。

第五，老师给每个学生发了一张白纸和一支笔，让他们画出自己心中理想的自我。同学们纷纷投入创作，有的画出了自己成为科学家的样子，有的画出了自己成为艺术家的形象。完成后，他们一一展示自己的作品，并分享了自己对未来的憧憬和追求。通过这个过程，同学们深刻体会到自我实现需求对于产生价值感的意义。

课程结束时，老师总结说："每个人的价值感都来源于不同层次的需求满足。只有当我们关注并满足自己的生理、安全、社交、尊重和自我实现需求时，我们才能感受到真正的价值和幸福。"

1. 请学生根据上述故事和相关资料，说一说马斯洛需求层次理论是如何影响价值感的，对学习又产生了怎样的影响。
2. 请学生画出一张代表自己社交网络的图，并解释这张图如何反映了他们的社交需求及其对价值感的影响。
3. 通过小组讨论，请学生分享自己经历过的有安全感或没有安全感的事件，以及这些事件如何影响他们对自身价值的认知。

评析

在一个充满活力的高中心理课堂上，教师采用角色扮演的方式生动地阐述了马斯洛的需求层次理论及其对个体价值感的影响。五个环节分别代表马斯洛需求层次的不同方面，学生们亲身体验了从生理需求到自我实现需求的满足过程，深刻理解了每个层次的需求如何塑造个人的价值感。从简单的吃饱，到获得安全感，再到社交合作、赢得尊重，直至追求个人理想，每一个环节都揭示了价值感的多维度来源。

价值感的来源：

价值感源自个体需求的满足，特别是马斯洛提出的五个层次需求：生理需求保证生存基础，安全需求带来稳定与保护，社交需求促进归属与爱，尊重需求确认个人价值与地位，自我实现需求则推动个人潜能的最大化实现。每一层次的满足都是构建个人价值感的基石，层层递进，共同构成个体完整的价值体系。

活动设计：绘制社交网络图

活动目标：

★让学生意识到自己的社交圈层及其对个人价值感的影响。

★引导学生思考如何优化社交网络以促进自身发展。

活动流程：

★准备阶段

给每位学生分发彩色铅笔、马克笔以及A4纸。

教师简要介绍活动背景，强调社交需求对个人价值感的重要性。

★绘制社交圈

学生们在纸上绘制一个中心点代表自己，然后围绕中心点画出不同的圆圈或图形，每个图形代表不同的社交圈层（如家人、朋友、同学、兴趣小组等）。使用不同颜色区分各个圈层，颜色可反映圈层对学生的正面或负面情感影响。

★添加细节

在每个圈层内或旁边，学生可以画小图标或写关键词来表示圈内的重要人物、活动或情感状态。引导学生思考并标记哪些社交联系给予他们支持、激励或挑战，以及这些联系如何影响他们的自我价值感。

★分享与讨论

学生轮流展示自己的社交网络图，分享其中的故事，比如最紧密的社交圈如何帮助他们成长，或者某个社交经验如何改变了他们的自我认知。

学生讨论如何通过增强某些社交联系或减少不利影响来提升个人的社交价值感。

课程总结：

本节课通过故事导入和实践活动，不仅深入浅出地解析了马斯洛需求层次理论，还让学生亲自体验了需求满足与价值感之间的密切联系。特别是最后的社交网络图绘制活动，它不仅增强了学生对社交需求重要性的认识，还激发了他们主动构建健康、有益的社交关系的意识。课程成功地将理论知识转化为实践体验，让学生们在参与中成长，在反思中深化对自我价值的理解，为培养全面发展的个体奠定了坚实的基础。

扩展习题

1. 根据马斯洛的需求层次理论，人类最基本的需求层次是（　　）。

A. 生理需求　　B. 安全需求　　C. 社交需求　　D. 自我实现需求

2. 小王最近在学习上取得了很大的进步，不仅成绩提高，还获得了老师和同学的认可。根据马斯洛需求层次理论，小王目前满足的是哪一层次的需求？（　　）

A. 生理需求　　B. 安全需求　　C. 社交需求　　D. 尊重需求

3. 当一个学生感到自己的学习环境安全、稳定、没有威胁时，他的需求处于哪个层次？（　　）

A. 生理需求　　B. 安全需求　　C. 社交需求　　D. 尊重需求

4. 学生通过自主学习，不断探索新的学习方法和技巧，以提高自己的学习能力，这主要体现了哪种需求？（　　）

A. 生理需求　　B. 安全需求　　C. 自我实现需求　　D. 尊重需求

5. 通过小组讨论和合作学习，在课堂上拥有更强的参与感，这满足了学生的哪种需求？（　　）

A. 社交需求　　B. 生理需求　　C. 安全需求　　D. 自我实现需求

答案：A　D　B　C　A

互动交流 3　赋予学习价值感

在繁忙的都市中，有一个名叫林浩的高中生，他成绩优秀，但总是感觉学习缺乏动力。每当他看到电视里报道那些天才儿童，心里总是涌起一股莫名的焦虑。林浩的父母也对他寄予了很高的期望，希望他能够出类拔萃。

一天，林浩的父亲带他去参加一个职业体验活动，希望他能找到自己的兴趣所在。活动中，林浩体验了医生、程序员、画家等多个职业，但都没有找到那种心动的感觉。

正当他感到失望时，他来到了一个书架前。

书架上摆满了各种书籍，从科普到文学，应有尽有。林浩随手拿起一本书，开始翻阅。他被书中的世界深深吸引，仿佛置身于另一个世界。那一刻，他感受到了从未有过的平静和满足。父亲看到林浩的投入，轻轻地对他说："孩子，或许这就是你的兴趣所在。阅读可以让你看到更广阔的世界，也可以让你找到内心的平静。"

从那以后，林浩开始热衷于阅读。他利用课余时间阅读了大量的书籍，从文学名著到科学杂志，每一本书都让他受益匪浅。他的成绩也因此有了明显的提升，但他更在意的是阅读带给他的那种内心的满足和价值感。

然而，随着时间的推移，林浩也遇到了瓶颈期。有时候，他会觉得阅读变得枯燥无味，甚至怀疑自己的选择。这时，父亲总是鼓励他坚持下去，告诉他阅读的价值不仅仅在于获取知识，更在于培养一种习惯和态度。

为了让林浩更好地体验到阅读的成就感，父亲还为他设定了一些小目标。比如，每个月读完一本书后，他们可以一起讨论书中的内容；当林浩读完一定数量的书籍后，父亲会为他颁发一个小奖杯，以表彰他的努力和成就。

在林浩的阅读之旅中，他还找到了自己的使命感。他加入了学校的图书馆志愿者团队，帮助整理图书、推广阅读。他还利用假期时间到贫困地区支教，为那里的孩子们带去知识和智慧。

通过这些经历，林浩更加深刻地体会到了阅读的价值。他明白，阅读不仅是为了获取知识，更是为了培养自己的品格。当他看到那些因为阅读而变得更加自信和开朗的孩子们时，他感受到了自己的使命和责任。

如今，林浩的成绩名列前茅，但他更在意的是自己在阅读中获得的成长和进步。他明白，学习不仅仅是为了应对考试和竞争，更是为了寻找自己的兴趣和价值所在。在学习的道路上，林浩找到了属于自己的价值感。

1. 学生之间互相分享一下，自己在哪些情况下会缺乏学习动力，这是否与价值感有关。
2. 教师引导学生进行讨论活动——家庭环境下学习价值的构建，讨论在家庭中有哪些方法可以为学习赋予价值感。学生进行分组讨论，并列出他们认为有效的支持方式，教师总结学生的建议。

评析

林浩的故事展现了自我发现、兴趣培养以及阅读的力量。在父母的期望和社会比较的压力下，林浩通过一次偶然的职业体验活动，发现了自己对阅读的热爱。阅读不仅提升了他的学习成绩，更重要的是给予了他内心的平静与满足。尽管遭遇瓶颈，林浩在父亲的鼓励和支持下坚持阅读，通过设定目标和参与志愿者活动找到了自己的使命感。最终，林浩认识到学习的价值不在于成绩，它关乎个人成长、品格塑造和对社会的贡献。

赋予学习以价值感的关键要点：

★**激发内在兴趣：**培养对学习内容的真正兴趣，让兴趣成为学习的主要驱动力，使学习过程本身成为一种享受。

★**设定具体目标：**明确短期与长期目标，规划学习路径，体验达成目标的成就感，同时通过“小步快跑”的方式持续获得正向反馈。

★**营造支持性环境：**家庭和学校应提供一个充满鼓励、尊重与理解的环境，让孩子感到被支持，增强其归属感，促进自主学习和探索精神。

★**建立意义与应用：**将学习内容与实际生活、个人兴趣或社会议题相结合，理解学习的现实意义，通过实践应用深化理解，增强学习的实用性和价值感。

★**培养成长心态：**培养面对挑战的积极态度，将失败视为学习和成长的机会，相信自己的能力可以通过努力不断提升，从而在学习旅程中不断前进。

活动设计：家庭环境下学习价值的构建

活动目标：

★让学生认识到家庭环境对学习态度和价值观的影响。

★鼓励学生探索并实践在家庭中培养学习价值感的方法。

★增强学生的自我反思能力和同理心。

★培养学生的感恩心态，理解家人支持的重要性。

活动流程：

★导入环节

教师简述林浩的故事，引导学生思考“学习的意义”以及“家庭如何影响我们的学习态度”。

★小组讨论准备

分组，每组 4~5 人，发放讨论指南，包括问题如：“你在家里最享受的学习时刻是什么样的？”“你的家人曾以何种方式鼓励你学习？”“你能想到哪些方法，在家庭中营造增强学习价值感的环境？”。

★分组讨论

各组围绕指南中的问题展开讨论，记录下观点和实例。

★汇报分享

每组派代表分享讨论成果，其他组成员可提问或补充，教师适时引导深化讨论。

★综合总结

教师汇总各组观点，提炼出有效的家庭支持策略，如定期举办家庭读书会、设立学习小目标、共享学习成果等。

强调家庭成员间的沟通与理解，鼓励学生主动与家人探讨学习的意义，共同营造积极向上的学习氛围。

★行动计划制订

学生根据讨论成果，制订一份个人或家庭可实施的计划，旨在增强学习过程中的价值感和乐趣。

课程总结：

通过这次活动，学生不仅深入理解了学习的多元价值，还学会了如何在家庭环境中积极构建这种价值感。教育不仅是知识的传递，更是情感、态度和价值观的培养。每位学生都能成为自己学习旅程的主人，而家庭的理解与支持是这一旅程中格外宝贵的财富。

扩展习题

1. 在学习中，找到适合自己的学习区是指（　　）。

A. 随意选择学习内容和难度　　B. 挑战自己，但不过度超出能力范围

C. 只学习自己感兴趣的内容　　D. 避免所有有难度的学习内容

2. 为了在学习中获得心流体验，以下哪种做法是正确的？（　　）

A. 不断重复已经熟练掌握的内容

B. 选择过于简单的学习任务

C. 专注于有一定难度但可通过努力完成的任务

D. 频繁更换学习内容以保持新鲜感

3. 学习中获得成就感的方式不包括（　　）。

A. 经常与同学比较学习成绩

B. 设定并达到具体的学习目标

C. 在学习过程中发现新的学习方法和技巧

D. 通过应用所学知识解决问题

4. 高中生小明发现自己在数学学习中更容易理解和掌握几何部分，而不是代数部分。他应该如何利用这一发现来增强学习的价值感？（　　）

A. 放弃代数，只专注于几何

B. 强迫自己学习代数，以平衡学科

C. 在几何学习中深入探索，并尝试将几何思维应用到其他学科

D. 无视自己的优势，随意选择学习内容

5. 在学习中找到使命感的作用是什么？（　　）

A. 增加学习的紧张感

B. 让学习者感到学习是一种负担

C. 对提高学习成绩没有帮助

D. 帮助理解学习的长远意义和目标

答案：B　C　A　C　D

1.4 面对难题如何闯关（高中生适用）

面对难题，我们有时会感到迷茫和困惑，甚至产生放弃的念头。但请记住，正是这些难题，塑造了我们坚韧不拔的品格，激发了我们无限的潜能。每一次闯关，都是一次成长的机会，都是一次自我超越的历程。

今天，我们将一起分享解题的经验，探讨如何更有效地应对难题。相信在这个过程中，我们每个人都能收获满满的启示和动力。

在人生的旅途中，每个人都会遭遇困难和挑战，这是不可避免的。然而，正是这些困难，锻炼了我们的意志，磨砺了我们的品格。许多杰出的名人也曾面临巨大的困境，但他们凭借坚定的信念和不懈的努力，最终战胜了困难，成就了辉煌。以下就是他们曾经留下的名言警句，请各位同学认真阅读，仔细想一想这些名言中蕴含的人生哲理。

1. “不经一番寒彻骨，怎得梅花扑鼻香。”——黄檗禅师
2. “即使跌倒一百次，也要一百零一次地站起来。”——张海迪
3. “上天完全是为了坚强你的意志，才在道路上设下重重的障碍。”——泰戈尔
4. “物不经锻炼，终难成器；人不得切琢，终不成人。”——李贽
5. “困难不仅可以磨炼我们的意志，还可以锻炼我们的身体。”——谢觉哉
6. “只有不畏艰险的人，才能享受冒险的乐趣。”——迪斯雷利
7. “穷且益坚，不坠青云之志。”——王勃
8. “不管发生什么事，都要冷静、沉着。”——狄更斯
9. “任何问题都有解决的办法，无法可想的事是没有的。”——爱迪生
10. “苦难对于天才是一块垫脚石。”——巴尔扎克

互动交流1　找到对应知识点

在一个寂静的夜晚，高中生李明坐在书桌前，面前是一张数学试卷，上面有一道他从未见过的难题。这道题目的文字描述复杂，图形也并不常见，让李明感到无从下手。

他知道，面对这样的陌生难题，首先要做的是冷静下来。他立马深呼吸，开始仔细分析题目。题目涉及的是三角函数和几何的综合应用，这让他想到了课本中的某一章节。

他迅速翻开数学课本，开始回顾相关章节。他的手指在书页上轻轻滑过，每一章、每一节都历历在目。当他翻到三角函数与几何结合的那一章时，他的眼睛突然亮了起来，因为他发现这一章的知识点正是解决这道难题的关键。

然而，知识点虽然找到了，但如何具体应用却是一个问题。这时，李明想到了课本的目录。他翻到目录页，迅速找到了与这道题目相关的知识点，并仔细阅读了相应的内容。这让他的解题思路更加清晰。

尽管如此，他还是没有找到解题的关键。有些公式和概念他并不熟悉，需要进一步理解和掌握。这时，他并没有气馁，而是决定寻求外部帮助。他打开了电脑，开始在网络上搜索相关的资料和解题方法。经过一番努力，他终于找到了一个详细的解题步骤和解析。

在掌握了这个解题方法后，李明重新回到了试卷前。他拿起笔，开始一步步地解答这道难题。虽然过程有些艰难，但他并没有放弃。当他最终得出正确答案时，他感到无比的兴奋和满足。这次经历让李明深刻体会到了面对陌生难题时找到对应知识点的重要性。

1. 教师给出一个题目以及与题目相关的课本目录或索引页面，引导学生更有效地使用它们。
2. 请学生分享他们平时使用的在线学习工具或资源，并讨论如何利用这些工具来解决问题，教师可以演示如何在搜索引擎或学习平台上输入关键词来找到相关的知识点和资料。

评 析

故事讲述了高中生李明在深夜面对一道复杂的数学难题时，通过冷静分析、查阅课本、利用目录、网络搜索等方法，找到解决问题所需的知识点，并最终成功解答难题的过程。

面对难题，如何找到对应的知识点？

★**冷静分析**：保持冷静，分析题目类型，确定所涉及的知识范围。

★**回顾课本**：依据初步分析，回到课本相关章节，复习基础知识。

★**利用目录**：利用课本目录快速定位到具体章节，缩小查找范围。

★**深度阅读与理解**：仔细阅读相关章节，加深对知识点的理解。

★**寻求外部资源**：当内部资源不足以解决问题时，可上网查找解题方法、视频教程等。

活动设计：破解难题，高效学习

活动流程：

★导入阶段

教师简述李明的故事，引出“面对难题时高效找到并应用知识点”的主题。

★理论讲解

教师详细解释上述策略，强调每个步骤的重要性，鼓励学生在遇到难题时采取类似方法。

★案例分析

教师出示一道难度适中的题目，要求学生先独立尝试分析题目类型。

教师展示该题目相关的课本目录，指导学生快速找到相关章节。

★实践操作

将学生分组，每组分配不同的题目和对应的课本目录。

每组学生按照之前讲解的策略，尝试找到解答题目的知识点。组内讨论，确定解题思路。

★成果展示与讨论

每组选择一名代表，分享他们找到知识点的过程及解题思路。

全班讨论，教师点评各组方法的有效性和创新点。

课程总结：

通过这次“破解难题，高效学习”的活动，学生们不仅学习了解决难题的实用策略，还亲身体验了如何有效利用课本目录快速定位知识点。这不仅提高了他们的问题解决能力，还加强了自学能力和团队协作精神。希望每位学生都能将这些方法融入日常学习中，面对学习中的任何挑战都能游刃有余，不断进步。

扩展习题

1. 当遇到一个陌生的数学难题时，首先应该怎么做？（　　）

A. 分析题目类型，确定可能涉及的知识点

B. 直接尝试解题，不管是否理解题目

C. 跳过这个问题，等老师讲解时再学习

D. 随机翻阅课本，希望能找到答案

2. 在复习时，如果不确定某个知识点在哪个章节，最好怎么做？（　　）

A. 放弃寻找，认为这个知识点不重要

B. 查看课本的目录，快速定位到相关章节

C. 逐页翻阅课本，希望能找到答案

D. 向同学询问，希望他们能帮助找到答案

3. 在利用目录寻找知识点时，以下哪种做法是不推荐的？（　　）

A. 使用关键词搜索，快速定位到相关页码

B. 随意翻阅，希望能偶然找到答案

C. 仔细阅读每个章节的标题，找到最相关的章节

D. 根据知识点的大致位置，直接翻阅到相应页码

4. 当你自己无法解决问题时，以下哪种求助方式是最有效的？（　　）

A. 直接询问同学，希望他们能给出完整答案

B. 在社交媒体上发布问题，等待网友回复

C. 放弃问题，认为自己永远无法解决

D. 向老师请教，并清晰地描述自己的疑惑和尝试过的解决方法

5. 使用在线资源寻找知识点时，以下哪种做法是不推荐的？（　　）

A. 使用搜索引擎，输入关键词寻找相关资料

B. 访问学习平台，查找相关课程或资料

C. 随意点击网页链接，不去考证答案是否正确

D. 仔细比较不同来源的信息，确保找到准确的知识点

答案：A　B　B　D　C

互动交流2　快速理清思路

在一个寂静的夜晚，李成坐在书桌前，面对着一道复杂的数学题。这是一道立体几何题，图形错综复杂，数据繁多，让李成感到有些无从下手。

他深吸了一口气，决定先尝试分解问题。他把题目中提到的各个部分逐一拆分，像是解开一个复杂的谜团，每个小部分都代表着一个具体的数学问题。这样做让他的思路变得清晰起来，他开始在草稿纸上列出每个小问题的解决方案。

接着，李成开始提取题目中的关键信息。他注意到，虽然图形复杂，但其中有几个关键的角度和边长是解决问题的突破口。他将这些信息标注出来，作为解题的重点。

为了更好地整理思路，李成决定运用思维导图。他打开了一款思维导图软件，在中心节点写下了题目的主题，然后列出各个小问题作为分支，每个小问题下面再细分出具体的解题步骤。随着思维导图的展开，李成感到自己的思路越来越清晰，仿佛一盏明灯照亮了他前进的道路。

在李成感觉快要柳暗花明的时候，他还是停滞了下来。他不确定某个公式的具体应用方法。于是，他决定回顾基础知识。他翻开数学课本，仔细查找相关的知识点，并在草稿纸上进行了一些简单的推导。

经过一段时间的努力，李成终于解决了所有的疑问，得到了最终的答案。他满意地看着自己的成果，感到一种前所未有的成就感。

这次经历让李成深刻体会到了理清思路的重要性。他明白，面对复杂的难题时，只要能够分解问题、提取关键信息、运用思维导图并回顾基础知识，就一定能够找到解决问题的方法。从此以后，无论遇到什么困难，他都能够保持冷静，有条不紊地解决问题。

1. 请学生分享自己曾经使用过的梳理思路的有效方法，并说说选择这种方法的原因。
2. 请学生分小组讨论，在面对复杂难题时，最有效的理清思路的方法是什么，并给出至少一个实例来支持观点。教师可以展示一个复杂问题的实例，并邀请学生上台标记和解释关键信息。

评 析

李成在解决一道复杂的立体几何题时，通过一系列有序的方法，成功地理清思路并找到答案。他首先将问题分解为小部分，接着提取关键信息，运用思维导图组织思路，遇到难题时回顾基础知识，最终克服困难，体验到解决复杂问题后的成就感。这个过程强调了面对挑战时，条理化思考和策略性解决问题的重要性。

面对复杂难题，如何快速理清思路?

★**问题分解：**将大问题拆分为小问题，逐一击破。

★**关键信息提取：**识别问题中的核心要素，作为解题切入点。

★**思维导图运用：**利用思维导图工具整理思路，可视化问题结构。

★**基础知识回顾：**遇到困难时，回溯相关理论，确保理解透彻。

活动设计：破解难题，思路清晰

活动目标：

★培养学生面对复杂问题时的解决能力。

★提升学生的团队合作与沟通能力。

活动流程：

★分组

将班级学生分为4~5人一组，确保每组成员多样，便于集思广益。

★问题提出

教师提供或让学生自拟一个复杂问题（可以是学科难题，也可以是生活中的问题），确保问题具备足够的挑战性。

★策略讨论

每组讨论并确定面对复杂难题时，他们认为最有效的理清思路的方法。

鼓励组员结合个人经验或李成故事中的策略进行思考。

★实例分享

每组选择一个实例，详细说明如何应用他们的策略解决问题，包括具体步骤和结果。可以是过去学习中解决过的难题，或是模拟一个场景进行演示。

★汇报与交流

每组选派代表进行汇报，其他组成员可提问或提供补充意见。教师引导全班讨论，比较不同方法的优劣，鼓励相互学习。

★总结与反馈

教师总结各组的讨论成果，强调通用性和个性化策略的结合。鼓励学生反思个人在团队中的贡献与收获，思考如何在未来学习中应用这些策略。

课程总结：

通过本次课程，学生探索了面对复杂难题时的有效策略，从问题分解到思维导图的应用，再到基础知识的回顾，每一步都是解决问题的关键。

扩展习题

1. 在阅读复杂的科学文本时，以下哪一项是提取关键信息的最佳方法？（　　）

A. 快速浏览全文，忽略细节　　B. 逐字逐句阅读，不遗漏任何信息

C. 标记出重要概念和术语　　D. 只关注自己感兴趣的部分

2. 在解决物理问题时，以下哪种梳理方法最有助于理清思路？（　　）

A. 随机列出与问题相关的所有公式

B. 按照问题解决的逻辑顺序列出步骤

C. 只考虑与问题直接相关的物理概念

D. 只关注问题的细节

3. 在历史考试中，如果遇到一个不熟悉的事件，应该如何做？（　　）

A. 尝试将事件与已知的历史背景和线索联系起来

B. 跳过该题，先做其他题目

C. 立即翻阅课本或笔记

D. 猜测答案并继续答题

4. 运用合理的梳理方法主要是指什么？（ ）

A. 随意涂鸦以放松大脑　　B. 反复阅读题目直到记住

C. 使用流程图或思维导图来组织思路　　D. 忽略问题中的关键信息

5. 回顾基础知识在解决复杂难题中的作用是什么？（ ）

A. 确保自己了解基础知识　　B. 提升学习效率

C. 对解决问题没有帮助　　D. 帮助理解问题并找到解题方向

答案：C B A C D

互动交流3 找到解题突破口

李阳，一名高中生，正研究着数学试卷上的一道复杂几何题。这道题的图形错综复杂，条件繁多，让他感到有些头疼。这道题的分值很高，如果不能攻克，他可能无法取得理想的成绩。

李阳深吸一口气，决定先深入理解题目。他仔细读了几遍题目，用铅笔在图形上标出关键信息。渐渐地，他开始明白这道题的考查点，也找到了一些可能的解题方向。

然而，当他尝试按照这些方向解题时，很快就遇到了瓶颈。他尝试了一种又一种方法，却始终无法突破这个难点。时间在一分一秒地流逝，李阳有些焦虑。

这时，他想起了数学老师曾经说过的一句话："遇到瓶颈时，不妨将问题分解为多个步骤，逐一解决。"于是，他开始重新审视这道题，尝试将其分解为更小的问题。他逐一分析每个小问题，逐一找到解决的方法。

在他解决了这些小问题后，突然发现整个题目的解题思路也变得清晰起来。他迅速整理了自己的思路，开始动手解题。笔尖在纸上飞快地移动，他的心中充满了信心。

最终，李阳成功地解出了这道题。他感到无比兴奋和满足，同时也明白了一个道理：遇到瓶颈时，不要轻易放弃，而是应该找到突破口，逐一解决问题。

第二天，李阳将这道题的解题过程分享给了班上的同学。他详细地解释了自己是如何找到突破口、如何分解问题、如何逐一解决的。同学们都听得津津有味，纷纷表示受益匪浅。

从此以后，李阳在面对复杂难题时，总是能够保持冷静和自信。他知道，只要找到突破口，就没有什么能够阻挡他前进的步伐。

1. 请学生在小组内说一说，当遇到学习上的瓶颈时，是如何克服的，有什么好方法。
2. 向学生提问：当一种解题方法不适用时，你会尝试哪些替代方法来寻找新的解题方向？鼓励学生分享他们曾经成功转变解题思路的经历。
3. 请学生说一说，在解题过程中，何时寻求帮助最为合适，应如何有效地寻求帮助。引导学生讨论寻求帮助的时机和方式，如向老师请教、与同学讨论等，并强调有效沟通的重要性。

评析

高中生李阳，在面对一道复杂的数学几何题时，经历了从困惑到突破的过程。最初，面对复杂的条件和图形，他感到头疼。通过反复阅读题目、标记关键信息，李阳逐步明确了问题的核心。然而，初次尝试解题并未取得进展，他陷入了瓶颈。关键时刻，李阳回忆起老师的教诲，决定将难题拆分为若干小问题，逐一击破。这一策略帮助他发现了新的解题线索，最终成功解决了难题，他在班级中分享了这一经验，鼓励同学们面对难题时灵活使用解题策略。

解题遇到瓶颈时，如何找到突破口？

★**深入理解题目：**仔细阅读题目，明确问题要求，标注关键信息。

★**分解问题：**将复杂问题拆分为若干小问题，逐个分析解决。

★**尝试多种解题方法：**当一种方法无效时，尝试其他解题策略或公式。

★**逻辑推理：**利用已知条件进行逻辑推理，寻找隐藏的关系或规律。

★**休息与回归：**适当休息，让大脑放松，有时灵感会在不经意间闪现。

活动设计：解题思路大挑战

活动目标：

★增强学生面对解题瓶颈时的应变能力。

★鼓励学生分享和学习不同的解题策略。

活动流程：

★问题情境设定

教师提供或学生自拟一道具有挑战性的题目，确保题目适合全班探讨。

★个人尝试

学生独自尝试解题，记录下初次解题的方法及遇到的瓶颈。

★小组讨论

小组成员分享各自的解题思路及遇到的困难。集体进行头脑风暴，探讨至少三种不同的解题方法或思路。每组选择一个最具创新性的解题方案准备分享。

★班级分享与讨论

每组代表分享本组的解题思路，包括突破瓶颈的策略。全班讨论，比较不同方法的优劣，鼓励提出问题和建议。

★个人反思与应用

学生个人反思在活动中学到的新解题策略，写下自己曾经成功转变解题思路的经验，或设想未来如何应用新策略。

课程总结：

通过“解题思路大挑战”活动，学生不仅学习了如何在遇到解题瓶颈时找到突破口，更重要的是，看到了团队合作和多角度思考的力量。每一道难题都是成长的阶梯，关键在于我们是否愿意尝试不同的路径，是否敢于跳出固有思维模式。

扩展习题

1. 当在解题过程中遇到瓶颈时，以下哪种做法是不推荐的？（　　）
   A. 重新审题，深入理解题目　　B. 立即寻求帮助，不尝试自己解决
   C. 标记关键信息，明确解题关键点　　D. 将问题分解为多个步骤逐一解决
2. 当你发现常用的解题方法不适用时，你应该怎么做？（　　）
   A. 坚持使用原方法，不尝试变化
   B. 立即放弃，认为题目无解
   C. 尝试变化解题方法，寻找新的解题方向
   D. 忽略问题，做其他题目
3. 在解题过程中，以下哪种行为有助于找到突破口？（　　）
   A. 忽视题目中的细节　　B. 不与同学讨论，独自解题
   C. 不寻求帮助，即使遇到困难　　D. 将问题分解为多个子问题，逐一解决
4. 在解题时遇到瓶颈，以下哪种策略是不建议采取的？（　　）
   A. 放弃题目，认为自己做不出来　　B. 寻求老师的帮助
   C. 与同学讨论，集思广益　　D. 回顾已学知识，尝试与题目联系起来
5. 在解题过程中，寻求帮助和与同学讨论的好处不包括以下哪一项？（　　）
   A. 可以获得新的解题思路　　B. 可以提高解题的速度和准确性
   C. 需要用更长的时间解题　　D. 可以发现自己的错误并加以纠正

答案：B　C　D　A　C

互动交流 4　利用已有经验解决新难题

李雷是一名高中生，他最近在数学竞赛中遇到了一道极具挑战性的题目。这道题目与他之前做过的题目有很大的不同，让他感到有些无从下手。

李雷知道，面对这样的新难题，他需要利用已有的经验来寻找突破口。于是，他开始回顾自己之前在数学学习中积累的经验和技巧。他仔细回想了一些类似的题目，试图找到这些题目与当前难题的共同点和差异点。

在深入分析这些题目后，李雷发现，虽然表面上这些题目并不相同，但它们的核

心思想和解题方法是有共性的。这给了他很大的信心，因为他相信自己已经掌握了一些可以应用于这类题目的基本技巧和策略。

接下来，李雷开始尝试将这些技巧和策略应用到当前的难题中。他首先尝试使用之前常用的解题方法，但很快发现这些方法在这道题目中并不完全适用。这时，他意识到需要对已有的方法进行一些调整和创新。

李雷开始深入思考，尝试从不同的角度审视这个问题。他不断地尝试新的解题方法，不断地调整自己的思路。经过一番努力，他终于找到了一个可行的解决方案。

他兴奋地将自己的答案写在了草稿纸上，并仔细检查了自己的解题过程，确保没有遗漏或错误。当他把答案提交给竞赛评委时，评委对他的解题方法和答案给予了高度评价。通过这次经历，李雷深刻体会到了利用已有经验解决新难题的重要性。

1. 请学生说一说，在解题过程中，应该如何判断自己的答案是否正确。
2. 请学生讨论如何识别类似问题的共同点和差异点，并分享如何调整已有策略以适应新问题。

评析

李雷作为一位高中生，在数学竞赛中面对一道前所未有的挑战性题目，通过回顾过往经验、分析问题的共性与差异、调整既有策略并勇于创新，最终成功找到了解决方案，获得了评委的高度认可。

如何利用已有经验解决难题？

★**回顾经验：**回顾过去解决问题的成功案例，提炼出通用的解题思路和技巧。

★**分析共性与差异：**细致分析新旧问题之间的相同点与不同点，识别潜在的解题线索。

★**调整与创新策略：**基于共性应用已知策略，同时针对差异进行策略的灵活调整或创新，以适应新问题。

★**实践验证：**将调整后的策略应用于新问题，通过实践检验其有效性，并不断修正完善。

★**反思总结：**解决问题后，反思整个过程，总结经验教训，为未来遇到类似挑战提供参考。

活动设计：转化经验，破解难题

活动目标：

★让学生学会识别问题的共性与差异，鼓励学生灵活调整既有策略以应对新挑战。

★促进学生之间的经验交流与策略共享。

活动流程：

★热身讨论

教师简述李雷的故事，引出活动主题。学生分组，讨论过去解决难题的成功经验，分享一个印象深刻的例子。

★案例分析

教师提供或学生自选一个具有挑战性的问题。每组分析问题特点，识别其与以往解决过的问题的共性与差异。

★策略研讨

基于共性，讨论如何直接应用已知策略。针对差异，小组内进行头脑风暴，探索如何调整或创新策略。每组挑选一名代表，分享本组的策略构思。

★实践操作

各组尝试运用讨论的策略解决问题，教师巡回指导。解决过程中，鼓励小组间适度交流，借鉴其他组的思路。

★成果展示与反思

每组展示解决方案，分享调整策略的过程和遇到的挑战。全班讨论，比较不同小组的策略，讨论其有效性。

★个人反思

学生写下自己从这次活动中学到的关键点。

课程总结：

通过今天的活动，教师与学生共同探索了如何利用已有的经验去解决新的难题。学生不仅学习了识别问题共性与差异的技巧，更重要的是，学会了灵活调整策略，甚至在必要时采用创新方法。

扩展习题

1. 在回顾相关经验时，以下哪种做法是不可取的？（　　）

A. 识别适合解决当前问题的经验

B. 分析之前解决问题的方法

C. 忽略所有之前的经验，因为每个问题都是独特的

D. 比较之前的问题与新问题的异同点

2. 在利用已有技巧和策略解决问题时，以下哪种做法是不推荐的？（　　）

A. 根据新问题的特点调整已有策略

B. 直接套用之前的解决方法

C. 结合多个之前有效的方法来尝试解决新问题

D. 在已有策略的基础上进行创新

3. 当尝试使用已有方法未能解决问题时，应该怎么做？（　　）

A. 放弃并认为问题无解

B. 坚持使用相同的方法直到成功

C. 等待他人提供解决方案

D. 分析失败的原因，并尝试新的方法或调整现有方法

4. 在利用已有经验解决新难题时，以下哪种态度是不利于问题解决的？（　　）

A. 保持开放和积极的态度，愿意尝试新的方法

B. 认为之前的经验都过时了，不愿意借鉴

C. 愿意从失败中学习并调整策略

D. 愿意向他人寻求帮助和意见

5. 在解决数学难题时，为什么回顾已有经验很重要？（　　）

A. 因为通过回顾经验，我们可以更快地找到问题的关键和解决方法

B. 因为经验不重要，只需要技巧

C. 因为所有问题都是全新的，与过去无关

D. 因为经验只会让我们变得固执，不愿意尝试新方法

答案：C　B　D　B　A

互动交流5　解决难题后进行反思和总结

在一个阳光明媚的下午，高中生小华坐在书桌前，刚刚解决了一个困扰他很久的数学难题。他感到既兴奋又满足，但他也知道，仅仅解决一个问题是不够的，更重要的是从中学习和成长。

小华回想起解题的过程，他首先尝试了一些已知的方法，但很快就发现这些方法并不适用于这个问题。然后，他开始调整思路，试图找到新的解题方法。经过多次尝试和失败，他终于找到了一个巧妙的解决方案。

解决问题后，小华并没有急于庆祝，而是开始反思和总结。他重新审视了问题的条件和要求，分析了自己解题的步骤和方法。他意识到，在解题过程中，他不仅对数学知识有了更深入的理解，还学会了运用逻辑思维和创造性思维来解决问题。

小华还注意到，在解题过程中，他运用了一些之前学过的知识点和技巧，这些知识点和技巧在解题过程中发挥了关键作用。这让他更加明白了，学习不仅仅是为了应付考试，更重要的是积累知识和提高能力。

在反思和总结的过程中，小华还设定了新的学习目标。他意识到自己在某些方面还有不足，需要更加努力地学习和提高。他制订了详细的学习计划，包括每天要复习

的知识点、要做的练习题以及要达到的目标。

通过反思和总结，小华不仅巩固了已有的知识和技巧，还找到了自己的不足之处，并设定了新的学习目标。他知道，只有不断地学习和提高，才能更好地应对未来的挑战。小华满怀信心地开始了新的学习旅程，期待着在未来的学习和生活中取得更好的成绩。

1. 请学生以小组为单位，说一说解决问题后的反思和总结能带来哪些好处，讨论过后，每个小组派代表发言。
2. 请同桌之间互相讨论，当成功解决了一个学习上的难题时，自己会有什么样的感觉、想法和反思。

评析

小华的故事展示了他面对难题时坚持、探索和自我成长的过程。在解决了一个数学难题后，小华没有止步于胜利的喜悦，而是深入反思和总结，从解题的过程中提炼经验，认识到学习的真正价值在于知识的积累和能力的提升。

解决难题后，如何进行反思和总结？

★**回顾解题过程：**分析采用的方法、尝试的策略，以及成功或失败的原因。

★**整合知识点：**识别并归纳在解题中运用的关键知识点和技巧。

★**反观逻辑思维与创新能力：**反思如何运用逻辑思维解决问题，以及创造性思维的体现。

★**进行自我评估：**识别自身的优势和不足，明确成长空间。

★**设定新目标：**基于反思结果，设定具体、可达成的学习目标。

★**制订行动计划：**规划实现目标的具体步骤和时间安排。

活动设计：解决难题后的自我对话

活动目标：

★引导学生体验成功解题后的感受，学会自我反思。

★促进同伴之间的交流，分享解题经验与反思过程。

活动流程：

★引入活动

教师简述小华的故事，强调解题后进行反思和总结的重要性。

★个人感受分享

学生闭眼冥想，回忆自己最近成功解决的一个学习难题。睁眼后，记录下解决难题后的第一感受（如兴奋、有成就感、轻松等）和个人的即时反应。

★同桌讨论

同桌之间分享自己解决的难题、当时的感受以及之后的反思过程。讨论内容包括：用了哪些方法、遇到哪些困难、如何克服、学到了什么新知识或技能。

★反思总结展示

选取几对同学，向全班展示他们的讨论内容，重点分享反思后的自我评估和新设定的学习目标。其他同学可以提问或提供补充意见。

★个人行动计划

学生根据反思，为自己制订一个短期学习目标和实现目标的行动计划。

课程总结：

通过这次活动，学生体验了解决难题后的自我成长，更深刻理解了反思和总结在学习过程中的重要性。每一次成功的背后都是宝贵的经验，而将这些经验转化为自我成长的养分，才是学习的真谛。希望学生在今后的学习旅程中，都能成为善于自我反思的探索者，不断挑战自我，勇攀知识的高峰。

扩展习题

1. 在总结知识点和技巧时，以下哪种做法不合适？（　　）

   A. 记录解题过程中用到的关键知识点　B. 忽略不熟悉或不了解的知识点

   C. 分析解题技巧在类似问题中的应用　D. 总结解题过程中的创新思路

2. 设定新的学习目标时，以下哪项做法是合理的？（　　）

   A. 设定不切实际、难以实现的目标

   B. 不考虑个人实际情况，盲目跟随他人目标

   C. 根据解题经验，设定提高解题速度的目标

   D. 设定超出能力范围的目标

3. 关于反思和总结的重要性，以下哪项描述最准确？（　　）

   A. 反思和总结有助于发现解题过程中的错误

   B. 反思和总结浪费时间，对学习无帮助

   C. 反思和总结只适用于数学和物理等科目

   D. 反思和总结只对成绩优秀的学生有用

4. 回顾解题过程时，以下哪种做法是正确的？（　　）

A. 仔细分析每一步骤的合理性　　B. 仅关注是否得出正确答案

C. 跳过自己认为不重要的步骤　　D. 不考虑解题过程中遇到的困难

5. 分析解题方法时，以下哪项是最重要的？（　　）

A. 方法的复杂性　　B. 方法的创新性

C. 方法是否有效且准确　　D. 方法的流行程度

答案：B　C　A　A　C

第二章　树立学习目标

2.1 在"犯错"中寻找奇迹（小学生适用）

你们知道吗，其实每一个错误都是一个隐藏着秘密的宝藏，等着我们去发掘它，也许我们能从中找到令人惊叹的奇迹。我们都会有犯错的时候，不论是忘记了作业，还是在玩耍时弄坏了玩具。如果我们用心去观察这些看似糟糕的事情，可能就会发现其中隐藏的美好。

让我们带着好奇和勇气，一起来开启今天的探索之旅吧！

犯错，其实并不可怕。许多伟大的人物都曾经犯过错误，但他们并不害怕，而是勇敢地面对，并从中汲取了宝贵的经验。下面是一些伟人有关犯错的名言，请各位同学认真阅读，品味其中的道理。

1."正确的结果，是从大量错误中得出来的；没有大量错误作台阶，也就登不上最后正确结果的高座。"——钱学森

2."一次小小的失误也许会防止重重地跌落。"——托·富勒

3."如果你对一切错误关上了门，那么真理也会将你关在门外。"——泰戈尔

4."犯错误乃是取得进步所必须交付的学费。"——卢那察尔斯基

5."当一个孩子意识到他不仅有坚持真理的权利，而且有犯错误的权利的时候，他就已长成了大人。"——托马斯·萨斯

6."错误常常是正确的先导。"——毛泽东

7."错误并非总是意味着无知，知识并非总是招之即来。"——塞·约翰逊

8."每个人都有错，但只有愚者才会执迷不悟。"——西塞罗

9."有错误要逢人便讲，既可取得同志的监督帮助，又可以给同志们以借鉴。"——周恩来

互动交流 1　犯错后的表现

小丽是一个聪明伶俐的六年级学生，平时成绩一直很好，老师和同学们都很喜欢她。然而，在最近的一次数学考试中，她却犯了一个不应该犯的错误。

数学考试那天，小丽早早答完题，并自信满满地把试卷交了上去。可是，当试卷发下来时，她惊讶地发现，自己竟然在一个简单的计算题上犯了错误，导致整个试卷的分数都受到了影响。

小丽看着那个醒目的红叉，心里感到一阵慌乱。她知道这个错误是不应该犯的，她明明可以做得更好的。她感到自己的脸上火辣辣的，仿佛全班同学都在用异样的眼神看着她。

回家的路上，小丽一直在想这个事情。她试图告诉自己这只是一次小失误，但在内心深处，她还是感到非常愧疚和不安。父母一直很重视她的学习成绩，如果他们知道她这次考试犯这么低级的错误，肯定会很失望。

晚上，当父母问她考试成绩时，小丽支支吾吾地不愿意回答。她不敢看父母的眼睛，她知道他们能从她的表情中看出她的不安和愧疚。最后，在父母的耐心询问下，小丽终于忍不住泪流满面地说出了她的错误。

父母听了小丽的讲述，并没有责怪她，而是温柔地安慰她。他们说："小丽，每个人都会犯错，这并不可怕。重要的是你要从错误中吸取教训，下次不再犯同样的错误。我们相信你有能力做到这一点。"

听了父母的话，小丽心里感到一阵温暖。她知道父母是真心理解她、支持她的。她决定把这次的错误当作一个教训，以后更加认真地对待学习。

从那以后，小丽变得更加细心和专注。她不再因为过于自信而忽视细节，而是认真检查每一道题目。她也学会了从错误中吸取教训，避免再犯同样的错误。

时间过得很快，转眼间又到了期末考试的日子。这次，小丽信心满满地走进了考场。她知道，她已经做好了充分的准备，无论遇到什么题目，她都能从容应对。

最终，小丽取得了优异的成绩，数学成绩更是名列前茅。她知道这一切都离不开那次犯错后的反思和努力。她感谢那次错误让她变得更加坚强和成熟。

1. 请学生们两两组队进行角色扮演，一个学生扮演教师，另一个学生扮演犯错误的学生，模拟学生在课堂上犯错误的场景，看看"学生"会如何反应，而"教师"又会如何引导他／她。
2. 教师在黑板上写出一个有错误的数学题或故事，让学生们找出其中的错误。这可以让他们理解错误是可以被发现的，而且找出错误也是一种学习。
3. 请学生说一说，自己犯错后会有什么表现。

评析

小丽是一位成绩优异的小学生，但在一次数学考试中因粗心犯了一个简单的错误，导致成绩受到影响。面对错误，小丽起初感到慌乱和愧疚，担心父母会失望。然而，父母的理解与鼓励让她认识到犯错的价值在于吸取教训、不断进步。小丽以此为契机，变得更加细心和努力，最终在期末考试中取得了优异的成绩，成长为更加成熟和坚强的学习者。

犯错后的常见表现：

★**自我怀疑：**担心自己的能力，害怕别人因此改变对自己的看法。

★**逃避责任：**不愿承认错误，试图找借口或归咎于外部因素。

★**情绪波动：**产生慌乱、愧疚等情绪。

★**反思与成长：**通过错误认识到自己的不足，调整策略，促进个人发展。

活动设计：角色扮演

活动目标：

★认识到犯错是学习过程的一部分，培养正视错误的勇气。

★学习如何认识错误，并从中吸取教训。

★增强同理心，理解他人犯错时的感受。

活动流程：

★准备阶段

选定两位学生分别扮演“教师”和“犯错误的学生”，其余学生作为观察员。简要讨论错误的意义和正确面对错误的态度。

★情景设定

模拟一节数学课，学生在解题过程中犯了一个明显的错误，比如计算错误或概念混淆。

★角色扮演

“学生”表现出犯错后的自然反应，如紧张、羞愧。

“教师”观察到错误后，用鼓励和支持的语言引导学生认识错误，而不是直接批评。

★互动环节

其他学生（观察员）提出可能的解决方法或表达自己在类似情况下的感受，增强参与感。

★反馈与讨论

角色扮演结束后，全体学生讨论处理错误的过程，分享各自的看法和学到的经验。

★总结与鼓励

教师总结活动，强调犯错的价值，鼓励学生在日常学习中勇于尝试，不怕犯错。

课程总结：

通过角色扮演活动，学生共同经历了面对错误、承认错误、解决问题的全过程。每一个错误都是成长路上的宝贵财富，正如小丽的故事所展示的，那些挑战和错误让我们变得更加坚韧和优秀。在今后的学习生活中，希望大家能够勇敢面对错误，从中学到经验，同时也学会以包容和鼓励的心态去对待身边人的错误。

扩展习题

1. 在学习的过程中，以下哪种做法是错误的？（　　）

A. 独立完成应该完成的作业

B. 遇到困难向老师请教

C. 为了尽快完成，照抄其他同学的作业

D. 老师布置的作业量大时，也努力认真完成

2. 在学习中犯错时，以下哪种做法是不正确的？（　　）

A. 勇于承认错误，并努力改正

B. 试图掩盖错误，不让别人知道

C. 听取别人意见，及时解决问题

D. 从错误中总结教训，避免再犯同样的错误

3. 当犯了错误需要解释时，正确的做法是（　　）。

A. 大胆流畅地说出真实的原因　　B. 毫无反应，保持沉默

C. 推脱责任，掩盖事实　　D. 言语卡顿，吞吞吐吐

4. 当犯错时，以下哪种行为是不正确的？（　　）

A. 把错误归咎于其他同学　　B. 承认错误并寻求帮助

C. 向同学请教正确的做法　　D. 认真听老师讲解错误的原因

5. 犯错后，掩盖错误的坏处是（　　）。

A. 避免别人的批评或惩罚

B. 不能及时发现并解决问题，可能会出现更严重的错误

C. 提升自己在别人心目中的完美形象

D. 可以大事化小，小事化了

答案：C　B　A　A　B

互动交流 2　面对错误的心态

在一所普通的小学里，有一个名叫小路的学生。小路聪明伶俐，学习努力，但有时候也会犯一些小错误。有一天，他在数学考试中犯了一个错误，这让小路感到非常沮丧。

考试结束后，小路拿到试卷，发现自己在一个简单的计算题上犯了错。他原本可以得满分，但是因为这个错误，他只得了 95 分。小路看着试卷上的错题，心里五味杂陈，他既感到难过，又有点害怕，怕老师和同学们会因此看不起他。

小路的好朋友小华看到了他的表情，走过来安慰他："小路，别难过了，谁都会犯错误的。关键是要敢于承认错误，积极面对它，这样才能不断进步。"

小路听了小华的话，心里稍微舒服了一些。他想起老师曾经说过的话："同学们，不要害怕犯错，因为犯错是学习的最好方式。只有通过犯错，我们才能发现自己的不足，然后努力改进。"

于是，小路决定勇敢面对自己的错误。他认真分析了试卷上的错题，找出了自己犯错的原因，并在错题本上记录了下来。他还向老师请教了正确的解题方法，并认真练习了几遍，确保自己完全掌握了。

在接下来的学习中，小路变得更加细心和认真了。他不仅注意避免再犯同样的错误，还主动找一些难题来挑战自己。每当他遇到困难或犯错时，他都会想起小华和老师的话，鼓励自己敢于承认错误，积极面对它。

渐渐地，小路的学习成绩越来越好，他也变得更加自信和开朗了。他明白了一个道理：犯错并不可怕，关键是要用正确的心态去面对它。只有敢于承认错误，积极面对它，才能不断进步，成为更好的自己。

学期末的时候，小路在数学考试中取得了满分的好成绩。他拿着试卷，心里充满了喜悦和自豪。他知道，这一切都是因为自己敢于面对错误、积极改正错误。

1. 教师准备一些写有错误陈述的卡片，每张卡片上都有一个明显的错误。学生们轮流抽取卡片，并找出其中的错误。找到错误的学生需要简单解释为什么这是错误的，并给出正确的答案。这个活动可以帮助学生学会识别和纠正错误。
2. 请学生们绘制一幅海报，上面列出面对错误的正确态度（如敢于承认、积极面对、不害怕犯错、认真改正等），并配以生动的插图和简短的文字说明。完成后，将海报展示在教室墙上，作为提醒。
3. 邀请学生自愿上台分享自己曾经犯过的一个错误以及是如何面对和改正这个错误的。其他同学可以提问或分享自己的经验。

评析

小路是一位聪明且勤奋的小学生，在一次数学考试中他因一个小错误未能获得满分，这让他感到沮丧和害怕。在好朋友小华的鼓励和老师的教导下，小路学会了直面错误，通过分析错误、请教老师、记录错题并加强练习，不仅纠正了错误，还提高了学习成绩。最终，小路在学期末取得满分，变得更加自信开朗，深刻体会到勇于面对和改正错误的重要性。

面对错误的心态：

★**勇敢承认：**不逃避或掩饰错误，勇于正视问题。

★**积极面对：**将错误视为学习和成长的机会。

★**深入分析：**找出错误的根源，理解错误背后的原因。

★**主动改正：**采取行动，学习正确的方法，避免重蹈覆辙。

活动设计：分享与成长

活动目标：

★增进学生之间的情感交流与理解。

★鼓励学生勇于分享个人经历，学会从错误中学习。

★培养学生积极向上、勇于面对挑战的心态。

活动流程：

★引入话题

教师简述小路的故事，强调面对错误的正确态度及其重要性。

★自愿报名

请愿意分享的学生举手或报名，确保每位自愿者都有机会发言。

★学生分享

每位上台的学生分享一个自己曾经犯过的错误以及面对和改正错误的过程。

分享时，鼓励使用“我……”的句式，讲述个人感受、采取的措施及最终成果。

设定时间限制，如每人不超过3分钟，确保活动顺畅进行。

★互动交流

其他同学可以针对分享的内容提问，增进理解和共鸣。

鼓励学生分享自己相似的经历或提供解决问题的不同方法。

课程总结：

通过学生的真诚分享，教师与学生共同见证了每个人面对错误时的勇气与智慧。

每个人的成长之路都充满了尝试与错误，但正是这些经历塑造了更强大的自己。愿大家都能像小路那样，以开放的心态拥抱错误，将其转化为成长的阶梯，勇敢面对每一个挑战，不断超越自我，成为更好的自己。

扩展习题

1. 在体育比赛中，如果你犯了错误导致队伍输了，你应该怎么做？（　　）
   A. 承认错误，并向队友道歉　　B. 责怪队友，认为是他们的错
   C. 逃避责任，说这不是我的问题　　D. 感到沮丧，不再参加任何比赛
2. 当在课堂上回答问题回答错误时，应该怎么做？（　　）
   A. 感到很羞愧，不敢再回答问题
   B. 责怪老师，认为是题目出错了
   C. 认真听老师讲解，并记住正确答案
   D. 抱怨题目太难，不公平
3. 如果在玩耍时不小心打碎了东西，应该怎么做？（　　）
   A. 立刻逃跑，不想面对后果　　B. 告诉大人，并主动清理
   C. 责怪别人，说是别人打碎的　　D. 装作没看见，希望没人注意
4. 当自己的朋友犯了错误时，应该如何对待他？（　　）
   A. 嘲笑他，说他总是做错事　　B. 不理睬他，认为他不值得做朋友
   C. 告诉他犯错是很可怕的事　　D. 鼓励他承认错误，并帮助他改正
5. 为什么我们不应该害怕犯错？（　　）
   A. 因为犯错是一次新的学习机会　　B. 因为犯错会让我们看起来很笨
   C. 因为犯错会让别人不喜欢我们　　D. 因为犯错就意味着我们永远做不好

答案：A　C　B　D　A

互动交流3　改正错误的方法

在一个阳光明媚的下午，多多坐在教室里，眉头紧锁。他的数学试卷上有一个大大的红叉，他做错了一道题。多多平时数学成绩很好，但这次因为一个小小的错误而失分。他感到非常沮丧，心里想着：“我怎么会犯这么低级的错误呢？”

放学后，多多慢吞吞地走在回家的路上，心里一直在琢磨那道错题。他想不通自己为什么会犯这样的错误。回到家里，他把试卷拿给爸爸看，希望能得到爸爸的帮助。

爸爸接过试卷，仔细地看了看，然后温和地对多多说：“多多，其实每个人都会犯错，关键是要从错误中找出原因，避免再犯同样的错误。”

多多听了爸爸的话，决定认真分析自己的错误。他重新审题，发现原来自己在计算时忽略了一个小数点。他明白了，原来是自己的粗心大意导致了错误。于是，他决定以后做题时要更加细心，不能掉以轻心。

为了避免再犯同样的错误，多多开始寻找有效的方法。他向老师和同学请教，学习他们的做题技巧和方法。同时，他还自己总结了一套检查的方法，每次做完题目后都会认真检查一遍，确保没有遗漏和错误。

除了找到避免错误的方法，多多还决定进行针对性的强化练习。他找出自己容易出错的题型，反复练习，直到熟练掌握为止。他还参加了数学兴趣小组，和其他同学一起探讨数学问题，相互学习，共同进步。

在改正错误的过程中，多多还学会了甩掉思想包袱。他明白了一次错误并不代表永远的失败，只要勇敢面对，积极改正，就能不断进步。他放下了对错误的恐惧和担忧，变得更加自信和勇敢。

经过一段时间的努力，多多的数学成绩有了明显的提高。他不再害怕犯错，而是把错误当作进步的阶梯。他明白了，只有在不断犯错和改正的过程中，才能不断成长和进步。

1. 请学生在组内讨论，犯错后最重要的是什么，以及为什么。教师总结并强调分析原因对于改正错误的关键作用。
2. 请学生上台分享有助于改正错误的好方法。
3. 请学生说一说，在改正错误的过程中，最困难的是什么，希望得到哪些帮助和支持。

评 析

多多在一次数学考试中因粗心犯错而感到沮丧，通过父亲的开导，他意识到从错误中学习的重要性。多多采取了分析错误原因、学习避免错误的方法、加强练习和参加兴趣小组等措施，不仅提高了数学成绩，还学会了积极面对错误，将之视为成长的机会。这一过程使他变得更加自信和勇敢。

如何改正错误?

★**分析错误原因：**冷静分析错误发生的具体原因，是知识掌握不牢固、粗心大意，还是解题方法不当。

★**制订改正计划：**根据错误原因制订具体的学习计划，比如加强薄弱知识点的学习，或是练习细心解题。

★**实践与反馈：**通过大量有针对性的练习，检验改正效果，并及时调整学习策略。

★**总结经验：**将改正错误的过程和经验进行总结，形成自己的学习方法，以防未来犯同样的错误。

活动设计：面对错误的挑战与支持

活动目标：

★增强学生面对错误的勇气和正向思维。

★建立学生之间的互助与支持网络。

活动流程：

★引入话题

教师简要回顾多多的故事，引出面对错误的积极态度和改正错误的方法。

★分组讨论

将学生分为小组，每组4~5人，讨论以下问题。

① 在学习过程中，你觉得改正错误最困难的地方是什么？

② 当你在学习上犯错时，你希望得到哪些帮助和支持？

每个小组记录讨论要点。

★小组分享

每个小组选派代表，分享小组讨论的结果。

其他小组的成员可就分享内容进行提问或补充，增进相互的理解。

★集体头脑风暴

根据各组分享，全班共同讨论可以提供哪些具体的帮助和支持，比如组建学习小组、设立答疑时间等。

★制订行动计划

教师引导学生根据讨论结果，制订班级层面的支持计划，如布置错误分享墙、定期举办学习交流会等。

课程总结：

每个人在学习旅程中都会遇到挑战，关键在于我们如何面对和克服它。通过今天的讨论，希望大家能够感受到班级是一个互相帮助、共同进步的团队。面对错误，勇于求助，乐于帮助遇到困难的同学，我们的学习之路将更加顺畅。

扩展习题

1. 如果你犯了一个错误并且已经改正了，应该怎么做来保持自信？（　　）

A. 暗示自己永远都做不好　　B. 不断责怪自己

C. 继续努力，相信自己可以做得更好　　D. 放弃努力，认为自己没有天赋

2. 改正错误后，下列哪个行为可以帮助自己甩掉思想上的包袱？（　　）
   A. 总是把错误记在心里　　B. 告诉朋友，寻求他们的建议
   C. 忽视别人的批评和指正　　D. 否认自己犯过错误
3. 如果连续两次写错了同一个字，应该怎么做来避免再犯？（　　）
   A. 不再写那个字
   B. 随便写，不管它
   C. 只写一次，不再尝试
   D. 找出为什么会写错，然后记住正确的写法
4. 为什么需要分析犯错的原因？（　　）
   A. 为了惩罚自己　　B. 为了找到避免再犯的方法
   C. 因为老师会要求这么做　　D. 为了告诉别人我犯错了
5. 如果你连续三次忘记带作业到学校，你应该怎么做来避免这个问题？（　　）
   A. 买一个更大的书包　　B. 告诉老师你家里很乱
   C. 设置一个每日提醒来检查作业　　D. 停止做作业

答案：C　B　D　B　C

互动交流 4　犯错与学习的关系

在一个阳光明媚的早晨，飞飞如往常一样背着书包走进了学校。他是一个聪明伶俐的孩子，总是充满好奇心，对未知的世界充满探索的欲望。然而，他也常常因为过于冒失而犯下一些小错误。

这天，数学老师布置了一道复杂的数学题作为课后作业。飞飞看着题目，眼中闪烁着兴奋的光芒。他觉得自己一定能很快解决这个问题，于是拿起笔就开始解题。

然而，事情并没有像飞飞想象的那样顺利。他在计算的过程中忽略了一个小数点，导致整个答案都错了。当作业本发下来，看到那个鲜红的叉时，他心里十分失落。

飞飞沮丧地回到家，将作业本递给爸爸看。爸爸看着飞飞的样子，温和地说：“飞飞，犯错是每个人都会经历的。重要的是，我们要学会从错误中学习，这样我们才能不断进步。”

飞飞听了爸爸的话，心中涌起一股勇气。他决定重新审视自己的错误，找出问题的根源。他拿出草稿纸，一步一步地重新计算。这次，他更加细心，不再急于求成。终于，他找到了自己的错误所在，并得出了正确的答案。

飞飞兴奋地将作业本拿给爸爸看。爸爸微笑着点了点头，说：“看，这就是犯错的价值。通过犯错，我们不仅能够找出自己的不足，还能加深对问题的理解。而且，犯错也能培养我们坚韧的品质，让我们更加勇敢地面对困难。”

飞飞听了爸爸的话，心里豁然开朗。他明白了，犯错并不是一件可怕的事情，反

而是一次宝贵的学习机会。他决定在以后的学习过程中，勇敢地面对自己的错误，从错误中吸取教训，不断提升自己。

日子一天天过去，飞飞在学习上变得越来越细心，成绩也逐渐提高。他不再害怕犯错，而是把每一次犯错都当作一次学习的机会。他知道，通过不断的犯错和学习，他可以不断进步，成为更好的自己。

后来，飞飞在数学竞赛中获得了第一名。他站在领奖台上，心中充满了感激。他感激那些曾经犯过的错误，因为它们让他变得更加坚强，也让他更加珍惜每一次学习的机会。

1. 请同桌之间互相讲一讲，为什么犯错是学习的机会。
2. 教师向学生提问：犯错后，还会继续尝试直到成功吗？引导学生思考坚韧不拔的精神是如何通过犯错和不断尝试培养起来的。
3. 请学生之间互相讨论，没有错误的世界会是什么样子的。引导学生思考错误和学习的关系，并理解犯错对于个人和集体成长的重要性。

评析

飞飞是一个好奇心旺盛、聪明但偶尔冒失的学生。在一次数学作业中，他因忽略小数点解错了题，这让他感到失落。在父亲的鼓励下，飞飞重新审视错误，细心纠正，最终不仅找到了正确答案，还深刻理解了错误的价值。

犯错与学习的关系：

犯错和学习是相辅相成的关系。错误是学习过程中的自然产物，它们揭示了我们在知识或技能上的盲点，促使我们进行更深入的探究和理解。如果学生能勇于面对错误并从中学习，他们就能拓展认知边界，深化记忆，增强解决问题的能力。错误提供了反馈，是自我修正和进步的起点，有助于培养批判性思维、创造力和韧性。

活动设计：探讨“无错误世界”

活动目标：

★促进学生理解错误在学习和个人成长中的重要性。

★增强学生的交流与合作能力。

★鼓励学生正视错误，培养积极的学习态度。

活动流程：

★导入话题

教师简述飞飞的故事，引出错误与学习的关系，激发学生兴趣。

★分组讨论

将学生分成小组，每组4~5人，讨论如下问题。

① 如果我们生活在一个没有错误的世界，学习过程会发生什么变化？

② 缺乏错误反馈会对个人成长和创新产生什么影响？

③ 在这样的世界里，人们是否还会相互学习和帮助？

★角色扮演

选取几名学生，分别扮演学生、教师、科学家等角色，在一个假设的无错误的环境中模拟日常学习或科研场景，展现可能出现的问题。

★汇报分享

各小组派代表分享讨论的结果和角色扮演的体会，其他学生可提问或补充观点。

★全班讨论

围绕“错误的必要性”展开全班讨论，教师引导学生认识到错误对于激发创新、促进个人和社会进步的价值。

课程总结：

通过本次学习与讨论，学生深刻理解到，在学习和生活的旅途中，错误也是一种宝贵的资源。错误指出我们认知的盲区，推动我们不断探索、修正和前进。一个没有错误的世界，虽然看似完美，但缺乏成长的动力和创新的火花。因此，让我们拥抱错误，视其为成长的伙伴，勇敢地在每一次跌倒后站起，不断成为更加优秀的自己。

扩展习题

1. 以下哪个说法正确描述了犯错对于培养坚韧品质的作用？（　　）

A. 犯错会让我们更加坚韧，不怕困难，勇于尝试

B. 犯错会让我们变得脆弱，不敢再尝试

C. 犯错会让我们更加依赖他人，失去自主性

D. 犯错会让我们失去信心，不再相信自己

2. 下面哪个选项说明了犯错如何帮助加深理解问题？（　　）

A. 犯错使人更害怕尝试新事物

B. 犯错使人更加盲目

C. 犯错能让人看到问题的不同方面，从而更全面地理解它

D. 犯错会让人觉得自己很聪明，不需要再学习了

3. 犯错对于学习来说意味着什么？（　　）

A. 失败和惩罚　　　　B. 学习和成长的机会

C. 没什么关系，可以忽略　　　　　　D. 学习过程中不能犯错

4. 小华在背诵课文时总是犯错，他应该怎么做？（　　）

A. 放弃背诵，认为自己记性不好　　　B. 告诉老师，希望老师能帮他记住

C. 不断练习，找到适合自己的方法　　D. 不再背诵，认为背诵没有意义

5. 在学习中，犯错的作用是什么？（　　）

A. 犯错只会让我们感到难过

B. 犯错没有任何意义

C. 犯错会让我们变得自卑

D. 犯错是学习的机会，可以帮助我们成长进步

答案：A　C　B　C　D

互动交流 5　利用错误树立目标

李荣经常和他的小伙伴们在学校的操场上打篮球，他的梦想是成为一名篮球运动员。

李荣非常努力地练习，但投篮总是不准，还经常传球失误。他的小伙伴们有时会嘲笑他，说他永远也成为不了真正的篮球运动员。李荣心里很不是滋味，但他并没有放弃，他知道只有通过不断的练习，才能提高自己的球技。

有一天，李荣在练习投篮时，又一次投偏了。他沮丧地捡起篮球，思考自己为什么总是投不准。他开始仔细回想自己投篮的动作，发现自己在投篮时手臂的力度和角度都没有掌握好。于是，他决定从基础开始练习，每天练习几百次投篮，直到自己能够准确地命中。

经过一段时间的刻苦练习，李荣的投篮技术有了明显的提高。但他并没有满足于此，他知道要想成为一名优秀的篮球运动员，还需要在其他方面下功夫。他开始学习如何快速地运球、如何巧妙地传球、如何防守转身等。每当犯错时，他都会认真地分析原因，然后据此调整自己的目标和方法。

然而，学习的路上并不总是一帆风顺。有一天，李荣在练习运球时，不小心摔倒了，膝盖磕破了皮。他感到很疼，但他没有哭，也没有放弃。他知道这是实现目标的过程中必须面对的困难，只有勇敢地面对，才能不断进步。

李荣坚持每天练习，不断挑战自己的极限。他还定期回顾自己的目标，根据实际情况进行调整。每当他取得一点儿进步时，他都会为自己加油鼓劲，鼓励自己继续前进。

几个月后，学校举办了一场篮球比赛。李荣作为队伍的核心球员，发挥出了惊人的实力。他不仅投篮准确，运球娴熟，还在关键时刻得分，带领队伍取得胜利。李荣的小伙伴们对他的进步感到惊讶和敬佩，他们纷纷向李荣请教如何提高篮球水平。

李荣微笑着告诉他们：“其实，我的进步离不开犯错。每次犯错，都是我学习和成

长的机会。只要我们不害怕犯错，勇于面对困难，坚持自己的目标，并不断地调整和改进，我们一定能够实现自己的梦想。”

1. 在教室设置一面墙，命名为“错误修正墙”。每当有学生实现了目标，或者在追求目标的过程中犯了错误并成功修正，就可以把自己的故事写在便利贴上，再贴在墙上。这可以让其他学生看到修正错误和调整目标的积极结果。
2. 让学生绘制一条时间线，标记出他们实现目标过程中的关键节点，包括犯错的时刻和调整目标的时刻。这可以帮助学生回顾自己的进步，看到犯错对实现目标的影响，并鼓励他们继续前进。

评 析

李荣梦想成为一名篮球运动员，面对队友的嘲笑和自身技能的不足，他没有气馁，而是通过观察、分析自己的错误，制订具体的练习计划，从基本的投篮动作开始，逐步扩展到运球、传球、防守等多方面技能。即使在受伤的情况下，李荣依然坚持不懈，勇敢面对挑战，不断调整策略，最终在学校篮球比赛中大放异彩，赢得了队友的尊敬和认可。

如何利用错误树立目标?

★**识别错误：**明确自己在追求目标过程中所犯的具体错误。

★**分析原因：**深入分析错误背后的原因，比如技能不足、方法不当等。

★**设定新目标：**基于分析，设定短期和长期的具体改进目标，确保目标具有可衡量性和可达成性。

★**制订行动计划：**围绕目标，制订详细的练习计划，包括技能训练、时间安排和成果检验标准。

★**实践与调整：**实施计划，同时保持灵活性，根据实际进展和遇到的新问题适时调整策略。

★**反思与庆祝：**定期反思进步和遇到的新挑战，庆祝每一个小成就，保持动力和信心。

活动设计：绘制个人进步时间线

活动目标：

★让学生学会从错误中学习，树立目标并调整策略。

★增强学生的自我反思能力，让他们认识到犯错是成长的一部分。

★提升学生的规划与时间管理能力，激励学生持续进步。

活动流程：

★介绍与动员

教师简述李荣的故事，强调犯错与成长的关系，引入活动的目的和意义。

★设定个人目标

每位学生思考一个近期想要达成的目标，可以是学科学习、体育、艺术等方面的具体目标。

★绘制时间线

学生在纸上画出一条时间线，从现在开始，延伸到目标预计达成的时间。

★标记关键节点

起点：标记当前状态，简述现状及存在的问题。

犯错时刻：在时间线上标注出预期或已发生的错误，旁边简短描述错误及其原因。

调整目标：对应每个错误点，标记出调整目标或策略的时刻，记录采取了哪些措施。

成就节点：标注出取得的小成就和重大突破。

★分享与讨论

同桌之间分享各自的时间线，讨论遇到的挑战、解决方案及犯错后的学习经验。

★集体展示与反馈

选几份时间线进行班级展示，鼓励大家给予建设性的反馈和鼓励。

★总结与展望

学生进行反思和总结，写下未来继续前进的决心和计划。

课程总结：

通过李荣的故事和绘制个人进步时间线的活动，学生们不仅理解了如何将错误转化为目标，还亲身体验了自我反思和规划的重要性。活动不仅增强了学生的个人责任感和目标导向性，也促进了班级内的积极互动和相互学习。最终，学生们应当明白，每一个挑战和错误都是通往成功路上的宝贵财富，只要勇于面对、不断调整策略，就能逐步接近并实现自己的梦想。

扩展习题

1. 如果我们发现了自己的错误，但是觉得很难改正，我们应该怎么做？（　　）

A. 放弃改正，认为已经太迟了　　B. 继续坚持错误的做法

C. 不再尝试，认为自己永远做不好　　D. 寻求帮助，找到解决问题的方法

2. 当我们面对困难时，应该怎么做？（　　）

A. 逃避困难，选择更简单的目标　　B. 勇敢面对，寻找克服困难的方法

C. 放弃目标，认为它太难了　　D. 抱怨自己的不幸，不再尝试

3. 下列哪个做法可以帮助我们从错误中认识自己的不足？（　　）

A. 忽略错误，不再犯错　　B. 责怪别人，认为错不在自己

C. 仔细分析错误，找出原因　　D. 放弃目标，认为自己不适合做这件事

4. 如果我们的目标因为犯错而没有达成，我们应该怎么办？（　　）

A. 放弃这个目标　　B. 责怪自己，觉得自己很笨

C. 告诉老师，让老师帮忙完成　　D. 分析错误，调整方法，再次尝试

5. 小明在做数学题目时犯了错误，他应该怎么做才能更好地学习？（　　）

A. 忽略错误，继续做下一个题目　　B. 找出错误的原因，避免下次再犯

C. 放弃数学，认为自己不适合学　　D. 责怪别人，认为是别人教错了

答案：D　B　C　D　B

2.2 怎样设立学习目标才有效（初中生适用）

初中生处于人生的关键时期，面临着学习的挑战和机遇。设定明确、可行的学习目标，不仅能够帮助我们更好地规划学习时间，还能激发我们的学习动力，促使我们不断追求进步。

但是，什么是学习目标？如何设定学习目标？怎样完成学习目标？在接下来的班会中，就让我们一起来探索这些问题的答案吧。

目标是我们前进的方向，它像指南针一样，引导我们走过学习的迷宫，朝着梦想前进。很多名人都曾用他们的智慧告诉我们目标的重要性。以下就是有关目标的名人名言，请各位同学认真阅读，仔细思考我们为什么要有目标。

1.“一个人努力的目标越高，他的才力就发展越快，对于社会就更有效果。”——高尔基

2.“没有目标，也没有达成目标的计划，你就像一艘没有目的航行的船只。”——菲茨休·多德森

3.“要向大目标走去，就得从小目标开始。”——列宁

4.“目标越接近，困难越增加。但愿每一个人都像星星一样安详而从容地不断沿着既定的目标走完自己的路程。”——歌德

5.“人生的真正欢乐是致力于一个自己认为是伟大的目标。”——萧伯纳

6.“要达成伟大的成就，最重要的秘诀在于确定你的目标，然后开始干，采取行动，朝着目标前进。”——博恩·崔西

7.“目标的坚定是性格中最必要的力量源泉之一，也是成功的利器之一。没有它，天才也会在矛盾无定的迷径中，徒劳无功。”——查士德斐尔爵士

8. “在一个崇高的目标支持下，不停地工作，即使慢，也一定会获得成功。”——爱因斯坦

9. “没有目标，哪来的劲头？”——车尔尼雪夫斯基

互动交流 1 设立学习目标的好处

在一个普通的初中班级里，有两位学生，一个叫小杰，一个叫小慧。小杰聪明伶俐，但总是对学习缺乏兴趣和规划；而小慧则不同，她深知设立学习目标的重要性，并始终为之努力。

新学期伊始，班主任鼓励大家设定自己的学习目标。小杰听了只是笑笑，觉得目标没什么意义，他认为只要努力学，成绩自然就会好。而小慧却认真地思考起来，她决定为自己设定一个具体的目标：期末考试中，数学和英语成绩要达到全班前十名。

为了实现这个目标，小慧开始制订学习计划。她每天都会按时完成作业，提前预习新知识，并且每周都会抽出时间复习上周学习的内容。她还特意准备了一个错题本，记录下每次做错的题目，以便日后复习。

看到小慧的努力，小杰开始有些心动了。他也想试试设立目标的方法，于是在小慧的帮助下，他也设定了一个目标：语文和历史成绩要达到全班前十五名。

有了目标后，小杰的学习态度也发生了很大的变化。他开始更加专注地听课，积极参与课堂讨论，遇到不懂的问题也会及时向老师请教。他的学习效率明显提高，成绩也慢慢提升。

随着时间的推移，期末考试终于来临了。小杰和小慧都紧张而期待地走进了考场。考试结束后，成绩公布了。小慧凭借着自己的努力和坚持，成功达到了自己的目标。小杰虽然没有达到自己的目标，但他的成绩也有了明显的进步。

看到自己的成绩单，小杰感慨万千。他意识到，设立学习目标不仅让他明确了学习方向，提高了学习效率，还培养了他的自律能力。虽然他没有达到最初设定的目标，但他对自己的进步感到非常满意。他明白了，学习是一个持续不断的过程，只要继续努力，目标总会实现的。

小慧也为小杰的进步感到高兴。她鼓励小杰不要气馁，继续努力追求自己的目标。

从此以后，小杰和小慧都变得更加自信和坚定。他们明白，只有设定了明确的目标，才能更有动力和方向地前进。

1. 教师向学生提问：如果在学习过程中没有设立明确的目标，会面临什么样的挑战？
2. 教师向学生提问：当达到或超越了自己的学习目标时，心情是怎样的？这对学习信心有何影响？

评 析

故事讲述了初中生小杰在学习态度和目标设定上的转变。起初，小杰对设立学习目标持怀疑态度，而小慧则深信目标的重要性并制订了详细的计划。在小慧的积极影响下，小杰也开始尝试设定自己的学习目标。经过一段时间的努力，虽然小杰没有完全达到目标，但他的学习态度和成绩均有显著提升，而小慧则成功实现了自己的目标。两人从中体会到了设定学习目标对于明确方向、提升效率和培养自律的积极作用。

设立学习目标的好处：

★**明确方向：**帮助学生清晰地了解自己要达成什么目标，为学习提供明确的导向。

★**提升效率：**有目标的学习能让人更加聚焦，避免盲目学习，提高学习效率。

★**增强动力：**目标是激励学生前进的动力源，能激发学习的积极性和主动性。

★**培养自律：**为了达成目标，学生需要自我管理和规划，从而培养自律能力。

★**促进评估与调整：**目标是检验学习成效的标准，促使学生反思学习过程，适时调整策略。

活动设计：反思“无目标的学习”

活动目标：

★理解设定学习目标的重要性。

★培养自我反思和目标设定的能力。

★激发对学习的热情和对自我提升的渴望。

活动流程：

★情境引入

教师简要回顾小杰和小慧的故事，引出设定学习目标的必要性。

★小组讨论

将学生分成4~5人的小组。每组讨论并列举在没有明确学习目标的情况下，学习过程中可能遇到的挑战和问题。如：学习动力不足、时间管理混乱、容易分心、难以衡量进步等。

每组选派代表分享讨论结果，教师记录在黑板上，引导全班讨论。

★角色扮演

选取几个典型场景，让学生分角色表演学习没有目标时遇到的困境，增加活动的互动性和趣味性。

★目标设定

教师引导学生根据刚才的讨论，反观自身，思考并设定一个短期学习目标（如下周或本月目标），并简单规划实现目标的步骤。

★总结分享

学生分享自己设定的目标和计划，教师给予正面反馈和建议，强调目标设定的可操作性和持续性。

课程总结：

通过此次活动，学生深刻体会到没有明确的学习目标时可能会面临的种种挑战，如学习动力不足、效率低下、方向不明等。同时，他们也学会了如何设定个人的学习目标，以及如何实现目标，这对于提升学习效率、激发内在动力具有重要意义。

扩展习题

1. 为什么说设立学习目标能够提升学习信心？（　　）

A. 因为目标总是难以达成　　B. 因为目标会让学习变得更加困难

C. 因为目标达成后可以获得成就感　　D. 因为目标与提升信心无关

2. 下列哪一项是设立学习目标可能带来的好处？（　　）

A. 学习变得更加随意　　B. 增强自我管理能力

C. 无法形成良好的学习习惯　　D. 总是感到有学习压力

3. 设立学习目标对于学习有何帮助？（　　）

A. 没有明显作用　　B. 让我们对学习失去兴趣

C. 为我们的学习增加难度　　D. 有助于明确学习的方向

4. 通过设立学习目标，以下哪项能力可能得到提升？（　　）

A. 记忆力　　B. 自律能力　　C. 运动能力　　D. 想象力

5. 设立学习目标的主要好处之一是（　　）。

A. 增加学习压力　　B. 减少休息时间　　C. 激发学习动力　　D. 忽视个人兴趣

答案：C　B　D　B　C

互动交流2　有效的学习目标

在一个阳光明媚的早晨，初中生小其坐在窗前，望着窗外忙碌的人们，心中充满了困惑。他即将迎来期末考试，但成绩一直不太理想。小其知道，他需要制定一个有效的学习目标来提升成绩，但他不知道如何开始。这时，小其的爸爸走进了房间，看见小其一脸愁容，便关切地问他发生了什么。小其向爸爸诉说了自己的困惑，爸爸微笑着告诉他，制定一个有效的学习目标并不难，只要遵循 SMART 原则就可以了。

爸爸开始耐心地给小其解释 SMART 原则：

S（Specific），目标要具体。小其的学习目标不能只是“提高成绩”，而应该具体到每个科目的提高目标，比如数学提高 10 分、英语提高 5 分等。

M（Measurable），目标要可量化。小其不仅要设定提高分数的目标，还要设定每天的学习任务，比如每天做 20 道数学练习题、背诵 20 个英语单词等。

A（Attainable），目标要可达成。小其要根据自己的实际情况来设定目标，不能设定过高或过低的目标，这样才能保持学习的动力和信心。

R（Relevant），目标要与整体发展方向相关。小其的学习目标不仅要与考试成绩相关，还要与自己的兴趣爱好和未来发展方向相关，这样才能保持学习的热情和动力。

T（Time-bound），目标要有明确的期限。小其要设定一个明确的学习计划，比如每天的学习任务要在晚上 10 点前完成，整个学期的学习目标要在期末考试前达到等。

听完爸爸的解释，小其豁然开朗，他明白了如何制定一个有效的学习目标。他开始认真地思考自己的学习目标，并写下了具体的计划：每天做 20 道数学练习题，背诵 20 个英语单词，每天晚上 10 点前完成学习任务，期末考试数学提高 10 分，英语提高 5 分等。

在接下来的日子里，小其按照自己的目标计划认真学习，虽然过程中也遇到了困难和挫折，但他始终保持着信心。期末考试终于来临了，小其紧张而自信地走进考场。最终，他的努力得到了回报，数学成绩提高了 12 分，英语成绩提高了 7 分，其他科目的成绩也都有不同程度的提升。小其高兴地跑回家，向爸爸汇报了自己的好成绩，爸爸也为他感到骄傲和欣慰。

请学生根据图 2.2.1 中两名同学设立的不同目标进行分析，说一说谁的目标是有效目标，为什么，如果不是有效目标，该如何改进。

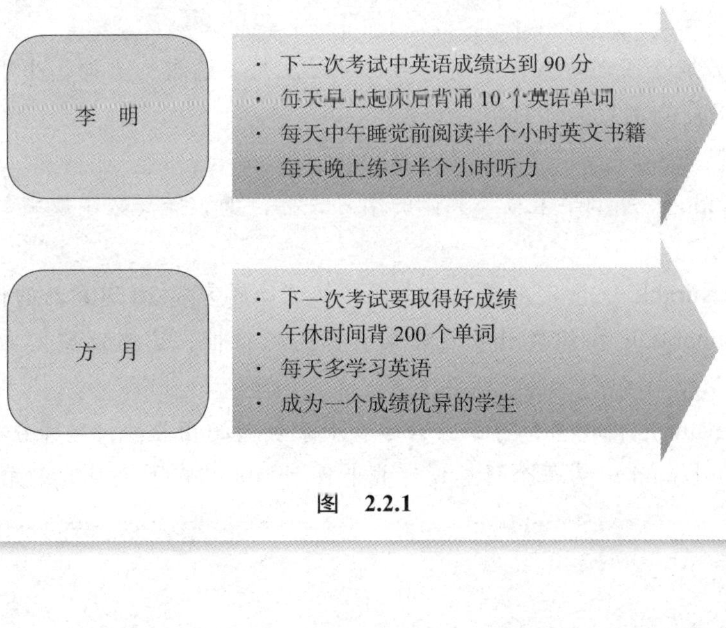

图 2.2.1

评析

面临期末考试的初中生小其因成绩的困扰而眉头紧锁。在父亲的引导下，小其学习了 SMART 原则，即制定目标应遵循的具体（Specific）、可量化（Measurable）、可达成（Attainable）、相关性（Relevant）、时限性（Time-bound）原则。通过父亲的耐心解释，小其不仅理解了如何设置具体的学习目标，还据此制订了详尽的学习计划，包括每天的具体学习任务和期末成绩的提升目标。经过一段时间的努力，小其在期末考试中取得了显著进步，实现了既定目标，这让他倍感自豪，同时也证明了 SMART 原则的有效性。

有效的学习目标：

有效的学习目标体现了 SMART 原则，它要求目标设定具体、可量化、可达成、相关性强、时限明确。

活动设计：SMART 目标工作坊

活动目标：

★让学生掌握 SMART 原则，理解如何设定有效的学习目标。

★培养学生目标设定、时间管理和自我评估的能力。

★激发学生的学习动力，增强自信心和成就感。

活动流程：

★引入概念

教师简要介绍 SMART 原则及其重要性，可以使用小其的故事作为案例进行分析，让学生理解每个字母的含义。

★小组讨论

将学生分成小组，每人分享一个当前学习上想要改进的方面，小组内讨论如何应用 SMART 原则制定具体目标。

★目标制定

S（Specific）：每个学生写下具体的学习目标，如“提高数学成绩”变为“数学成绩提高 5 分”。

M（Measurable）：设定可量化的指标，如“每周完成 20 道额外的代数习题”。

A（Attainable）：小组成员相互评估目标的可行性，适当调整使之兼具挑战性和可行性。

R（Relevant）：讨论目标与个人兴趣、未来规划的相关性，确保目标有意义。

T（Time-bound）：为每个目标设定截止日期，如“在下个月的单元测试前”。

★行动计划

制订实现目标的每日或每周行动计划，并分享给小组成员，相互提供反馈和建议。

★进度追踪与反思

学生使用日志记录每周目标的完成情况，每月班级内进行一次反思会议，分享进展、挑战和调整策略。

课程总结：

通过本次“SMART 目标工作坊”，学生不仅掌握了制定有效学习目标的方法，还在实践中锻炼了自我管理和目标达成的技能。活动促进了同学间的互助与交流，增强了学生的自我效能感，使他们认识到设定清晰、可行的学习目标对于学习成绩和个人成长的重要性。最终，每位参与者都带着更加明确的个人学习蓝图和积极的学习态度，迈向更加充实和高效的学习旅程。

扩展习题

1. 有效的学习目标应该是（　　）。
   A. 模糊的，以便有更多的自由度　　B. 具体的，有明确的内容
   C. 难以达到的，以挑战自我　　D. 随意的，没有任何形式
2. 以下哪个选项描述了一个可以量化的学习目标？（　　）
   A. 提高英语成绩　B. 变得更加自信　C. 学习更多知识　D. 每天跑步半小时
3. 制定学习目标时，以下哪项是不可取的？（　　）
   A. 设定一个不可能达到的目标来激励自己
   B. 让目标与自己的整体发展方向相关
   C. 为目标设定一个明确的完成期限
   D. 确保目标是具体的
4. 小明想要提高他的英语水平，以下哪个目标更合适？（　　）
   A. 在一个月内记住所有英语单词　　B. 努力学习英语，但不设定具体目标
   C. 每天课后多学习 10 个新单词　　D. 每天学习英语单词
5. 制定学习目标时，为什么我们需要考虑整体发展方向？（　　）
   A. 这样我们可以更快地实现目标
   B. 这样我们可以确保目标与我们的长远计划相符
   C. 这样我们的目标就会更有趣
   D. 这样我们就可以更容易地记住目标

答案：B　D　A　C　B

互动交流3 有效地达成目标

在一个普通的初中班级里，有位名叫吴同的学生。吴同平时学习很努力，但总是感觉成绩提升不明显，这让他有些沮丧。他的好朋友周新看出了他的困扰，决定帮助他制定一个有效的学习目标。

周新知道，一个好的目标应该是具体而明确的，既不能太高也不能太低。于是，他们一起坐下来，分析了吴同的学习情况，然后设定了一个既具有挑战性又实际可达的目标——在下个月的期中考试中，吴同的数学成绩要达到 90 分。

吴同看着这个目标，有些担心："90 分，我能达到吗？"周新鼓励他："别担心，我们一起努力，你一定可以的。"

为了实现这个目标，吴同和周新一起制订了详细的学习计划。他们将目标进一步细化为每周需要完成的具体任务。例如，设定每周完成数学练习册的两个单元。同时，还设定了明确的完成期限，即每周五晚上之前完成本周的任务。最后他们将需要掌握的知识点列成清单，每天完成一项就画一个勾，或者直接将清单内容划掉。这样，他们就能清晰地看到学习目标的完成进度。

在学习过程中，吴同遇到了不少困难。有时候，他会觉得某个知识点太难，想要放弃。但每当这个时候，他就会想起周新的话。于是，他鼓起勇气，继续坚持下去。

时间过得很快，期中考试的日子到了。吴同紧张地走进考场，认真地完成了每一道题目。当成绩公布的时候，他惊喜地发现自己的数学成绩竟然达到了 92 分！

吴同高兴极了，他感谢周新的帮助，也感谢自己坚持不懈的努力。他明白了，只有设定合理的目标，并为之付出努力，才能取得真正的进步。

从此以后，吴同变得更加自信和坚定。他不再害怕困难，而是勇敢地迎接每一个挑战。他知道，每一次的跳跃，都将让他离成功更近一步。

1. 请学生以小组讨论的形式，讲一讲将大目标拆分成小目标有哪些方法。
2. 角色扮演：一名学生扮演遇到困难的学习者，其他同学根据实际情况给出建议。

评析

本故事讲述了初中生吴同在学习上遇到瓶颈，好友周新帮助他设定具体而实际的学习目标，他们共同制订了详细的行动计划，吴同通过坚持不懈的努力最终实现了目标。吴同的故事强调了合理的目标设定、持续的努力以及面对困难时的积极态度对个人成长的重要性。

如何有效地达成目标？

★**明确具体目标：**目标应当具体、可量化，如吴同设定的数学成绩达到 90 分，这样的目标易于衡量和追踪。

★分解目标：将大目标拆解为小步骤或每周任务，比如完成数学练习册的特定单元，这样可以使目标看起来更加可达成。

★设定时间限制：为每个小任务设定截止日期，增加紧迫感，促使按时完成。

★监控进度：通过完成任务清单并做标记，将进度可视化，激励自己保持动力。

★克服障碍：面对困难时，保持正面心态，视挑战为成长的机会。

★反思与调整：根据实际情况，适时调整策略或目标，确保目标既有挑战性又可实现。

活动设计：目标摘星记

活动目标：

★学习设定有效目标的技巧和步骤。

★提升解决问题、时间管理和团队协作的能力。

★增强自信心，培养面对困难的积极态度。

活动流程：

★角色分配

班级内随机选择一名同学扮演“学习者”，其余同学扮演“智囊团”成员。

★情景设定

教师简述一个学习挑战的情景，如期末考试即将到来，学习者需提高某一科目的成绩。

★目标设定会议

“学习者”分享当前的学习状况，“智囊团”成员根据其情况，集体讨论并帮助设定一个具体、可衡量、可达成、有时间限制的目标。

★行动计划制订

小组一起将目标分解为若干个小任务，为每个任务设定完成时间，并讨论可能遇到的困难及应对策略。

★模拟执行与反馈

“学习者”模拟执行一周的学习计划，其间“智囊团”成员扮演监督和鼓励的角色，遇到问题时集体讨论解决方案。

★反思与调整

一周后，全体成员回顾目标完成情况，讨论哪些策略有效，哪些需要调整，并对目标进行必要调整。

★角色轮换

每轮结束后,角色轮换,让每位同学都有机会扮演“学习者”和“智囊团”成员。

课程总结:

本次课程通过吴同的故事和角色扮演游戏，让学生深刻理解了设定和执行有效目标的重要性。学习者不仅掌握了设定SMART目标的方法，还通过实践体验了如何面对挑战、调整策略以及团队合作的价值。活动旨在培养学生自我驱动学习的能力，增强解决问题的信心，同时促进班级内的互助与合作氛围。

扩展习题

1. 在实现目标的过程中，如果遇到困难，应该怎么做？（　　）
   A. 放弃目标
   B. 坚持原计划，不考虑变化
   C. 根据实际情况及时进行调整
   D. 停止计划，等待帮助
2. 为什么完成目标后进行总结和回顾很重要？（　　）
   A. 为了庆祝自己的成功
   B. 为了找出失败的原因
   C. 为了积累经验，为将来的目标做准备
   D. 为了向朋友展示成果
3. 为了更有效地完成一个大目标，应该怎么做？（　　）
   A. 直接开始行动，不考虑其他
   B. 等待别人来帮助自己
   C. 放弃，因为大目标太难完成了
   D. 把大目标分解成若干个小目标
4. 为什么认同自己的目标很重要？（　　）
   A. 这样可以让自己更有动力去实现目标
   B. 这样更容易得到别人的支持
   C. 这样可以让自己更快乐
   D. 这样完成目标很困难
5. 完成一个小目标后，我们应该（　　）。
   A. 立即开始下一个目标，不给自己调整的时间
   B. 停下来休息，不再准备下一个目标

C. 总结经验，为下一个目标做准备

D. 将完成的事情置之脑后

答案：C　C　D　A　C

2.3 为目标插上行动的翅膀（高中生适用）

在高中这个关键的人生阶段，每个人都有着自己的梦想和目标。然而，梦想并非空中楼阁,它需要我们用坚定的信念和不懈的行动去实现。如果目标是一朵娇艳的花朵，那么行动就是滋养它的阳光和雨露。没有阳光和雨露的滋润，花朵再美也会枯萎凋零。同样，没有行动的支撑，目标再伟大也只是空中楼阁，遥不可及。

今天，就让我们一同来讨论如何在行动中实现目标。

行动是实现梦想的桥梁，是通往成功的必经之路。许多杰出的名人都曾以他们的言行诠释了行动的重要性。以下是一些有关行动的名人名言，这些名人的智慧告诉我们，无论目标多么遥远，只要我们勇敢行动，就有可能实现。请同学们仔细阅读，认真感受这些名言背后的哲理和智慧。

1.“生命最宏大的目的并非知识，而是行动。”——赫胥黎

2.“我们必须作为思索的人而行动，作为行动的人而思索。”——柏格森

3.“一步实际行动比一打纲领更重要。”——马克思

4.“口言之，身必行之。”——《墨子·公孟》

5.“只有彻底的行动，才是改变自己，改变自己周围社会的唯一途径。”——德田虎雄

6.“最大的危险是无所行动。”——肯尼迪

7.“行动是通往知识的唯一道路。”——萧伯纳

互动交流 1　设定明确的目标

在繁华的城市中，有一所名叫启智高中的学校，这里的学生们每天都沉浸在书海中，为着未来的梦想而努力。在这所学校里，有一个名叫林超的学生，他成绩中等，但内心却怀揣着一个梦想——进入全国顶尖的北京大学深造。

林超知道，要想实现这个梦想，他需要在行动前明确自己的目标。于是，他开始思考如何设定一个既具体又符合自己实际情况的目标。

林超分析了自己的现状，他的学习成绩中等，数学和物理是他的强项，但英语和

语文成绩相对较弱。同时，他还了解到北京大学对于各科成绩的要求都非常高，尤其是英语和语文。

根据这些情况，林超设定了一个明确的目标：在接下来的半年内，将英语和语文成绩提高到班级前 10 名，并保持数学和物理的优势。这个目标既具体又符合他的实际情况，兼顾了强项和弱项。

目标设定之后，林超并没有急于求成，而是选择将大目标拆分成小目标。他将半年的时间分成了四个阶段，每个阶段都有一个小目标。比如，第一个阶段的目标是每天背诵 20 个英语单词，阅读一篇英语文章；第二个阶段的目标是每天完成一篇语文阅读理解……

在实现这些小目标的过程中，林超也遇到了不少困难。有时他会因为懒惰而拖延复习，有时他会因为题目太难而感到沮丧。但每当这时，他都会想起自己的长远目标，然后重新振作精神，继续坚持。

时间一天天过去，林超的努力也逐渐取得了成效。他的英语和语文成绩开始稳步提升，甚至在班级里名列前茅，而他的数学和物理成绩一直保持着优势。

两年后的高考，林浩凭借着自己的努力和明确的目标，成功考入了北京大学。收到录取通知书的那一刻，他的内心充满了激动和自豪。

1. 请学生举手说一说自己在学科中的强项和弱项，引导学生进行自我评估，并思考如何利用这些信息来设定合适的学习目标。
2. 让学生选择一个大的学习目标，如“提高数学成绩”，然后讨论并分享如何将这个大目标拆分成一系列具体、可达成的小目标。

评 析

林超，一名启智高中的普通学生，胸怀壮志，梦想踏入北京大学的殿堂。面对现实与梦想的差距，林超没有止步于“心怀梦想”，而是通过设定科学的目标和坚持不懈的努力，最终实现了自己的大学梦。

设定目标的方法：

★**自我评估：**明确自身现状，识别强项与弱点。

★**设定 SMART 目标：**目标要具体（Specific）、可衡量（Measurable）、可达成（Attainable），具有相关性（Relevant）和时限性（Time-bound）。

★**分解目标：**将大目标分解为一系列小目标或阶段性目标，使过程更具操作性和可行性。

★**持续监测与调整：**在实施过程中，及时反思成效，遇到困难时调整策略，保持动力与方向。

活动设计：我的学习攀登计划

活动目标：

★让学生了解 SMART 目标的设定原则和目标分解的方法。

★培养学生设定与实现个人学习目标的能力，让其学会自我管理和时间规划。

★激发学生的内在动力，增强自信心，体验成功的喜悦。

活动流程：

★引入话题

教师简述林超的故事，引发学生共鸣，引出目标设定的重要性。

★讲解理论

教师详细讲解 SMART 原则和目标分解的意义及方法。

★设定大目标

每位学生设定一个学期的学习大目标，如"提高数学成绩至班级前五"。

★小组讨论

学生分组，每组围绕一个典型大目标（如提高数学成绩）进行讨论。鼓励学生思考如何将该大目标分解为每月、每周甚至每日的小目标。讨论中应包含具体措施、所需资源、可能遇到的障碍及应对策略。

★成果展示

各组派代表分享他们的目标分解方案，其他成员提问或提建议。

★个人行动计划

基于讨论，每位学生完善自己的大目标及细分的小目标，制订具体行动计划。

★反馈与调整

设定周期性回顾时间，鼓励学生分享进展，相互支持与鼓励，必要时调整目标或策略。

课程总结：

通过本次"我的学习攀登计划"活动，学生们不仅学习了目标设定的理论知识，更重要的是体验了将抽象的大目标转化为可操作的小目标的过程，从而为实现个人学习目标奠定了坚实的基础。

扩展习题

1. 在明确目标之前，为什么要先了解自己的现状？（　　）

A. 为了找到自己的弱点，有针对性地进行改进

B. 为了逃避制订计划

C. 为了更好地向他人展示自己的能力

D. 为了与其他人攀比

2. 当一个目标过于庞大或复杂时，以下哪种做法更有助于实现它？（　　）

A. 放弃这个目标，选择更简单的目标

B. 坚持原目标不动摇，不管它有多难

C. 将目标拆分成若干个小目标，逐个实现

D. 只关注目标的结果，不考虑过程

3. 如何确保设定的目标符合自己的实际情况？（　　）

A. 靠自己的直觉设定目标

B. 忽视自己的能力和水平

C. 只考虑自己的兴趣和爱好

D. 结合自己的过去表现和现有条件进行分析

4. 在设定学习目标时，以下哪项做法是正确的？（　　）

A. 设定一个模糊的目标，如“提高数学成绩”

B. 设定一个具体、可衡量的目标，如“数学成绩提高 10 分”

C. 不考虑自己的实际情况，盲目设定高目标

D. 设定一个与自己当前水平相差甚远的目标

5. 在明确目标的过程中，以下哪项做法是不推荐的？（　　）

A. 与同学或老师讨论，获取不同意见和建议

B. 经常反思和调整目标，以适应变化的情况

C. 只考虑自己的兴趣和爱好，不考虑其他因素

D. 设定短期和长期目标，保持目标的连贯性和可持续性

答案：A　C　D　B　C

互动交流 2　制订行动计划

在一个普通的周五下午，阳光透过教室的窗户洒在课桌上，营造出一种温暖而宁静的氛围。方鸣，一名高中生，正坐在他的座位上，目光坚定地望着前方。他知道，即将到来的周末是他复习历史的关键时刻。

方鸣的历史成绩一直不错，但他想要在历史竞赛中取得好成绩。因此，他决定在行动前制订一个详细的行动计划。

方鸣首先拿出一张白纸，开始规划他的时间。他将周末的两天都分为上午、下午和晚上三个时间段，并在每个时间段内标注了具体的复习内容。例如，周六上午他计划复习古代史，下午则专注于近代史，晚上则进行知识点的回顾和巩固。

在规划时间的同时，方鸣也考虑到了任务的优先级。他知道，有些章节的内容是他比较熟悉的，而有些章节则相对陌生。因此，他决定将不熟悉的内容放在前面复习，以确保在考试时不会因为这些内容而失分。

方鸣知道，仅仅依靠课本是无法全面复习的。因此，他开始整合各种学习资源，包括笔记、参考书、网上资料等。他将所有相关的资料都整理在一起，方便随时查阅。

方鸣也明白，计划总是赶不上变化。因此，在制订计划时，他特意留出了一些空余时间，以应对可能出现的意外情况。如果某个章节的复习进度比预期要快，他就会利用这些空余时间来复习其他内容；如果在某个章节遇到困难，他也会适时调整计划，多花些时间攻克难关。

周末两天，方鸣严格按照自己的计划进行复习。每当遇到困难或感到疲惫时，他都会想起自己的目标，然后重新振作精神，继续投入复习。

最终，历史竞赛到来了。方鸣凭借充分的准备和扎实的基础，在比赛中取得了优异的成绩。

这次经历让方鸣深刻体会到了行动前制订计划的重要性。他明白，只有做好充分的准备和规划，才能在关键时刻发挥出自己的最佳水平。从此以后，无论是在学习上还是生活中，方鸣都变得更加有计划性和执行力。

高中生菲菲的计划表

期末目标：提高数学和英语成绩至班级前5%。

1. 每日学习时间规划

早晨：六点到七点，预习当天课程，重点复习前一天的薄弱点。

上午：八点到十二点，认真听讲，做好课堂笔记。

下午：一点三十分到五点三十分，上课听讲，做好课堂笔记。

晚上：七点到九点，复习当天所学，预习第二天课程。

睡前：九点三十分到十点，总结一天的学习情况，调整第二天的学习计划。

2. 每周学习时间规划

周一、周三、周五：重点复习数学，完成数学练习题。

周二、周四：重点复习英语，完成英语阅读理解、听力训练。

周六：进行一周学习总结，调整下周学习计划。

周日：休息，进行放松活动，如散步、阅读等。

周目标：完成至少5套数学模拟题；阅读至少5篇英文文章，提高阅读速度和词汇量；完成至少3篇英语作文，提高写作能力。

3. 日常习惯

每日进行至少 30 分钟的体育锻炼，保持身体健康。

每周至少与老师和同学讨论一次学习问题，共同解决难题。

4. 自我监督与反馈

每周日晚上进行自我评估，记录一周的学习成果和不足之处。

根据评估结果调整下周的学习计划。

每月与家长或老师沟通一次，听取他们的建议和指导。

1. 根据上述案例，请学生进行小组讨论，菲菲的计划表都涵盖了哪些计划的重点，有哪些值得学习的优点，讨论过后派代表发言。
2. 请学生在课堂上简单书写自己的学习计划，看看是否能体现自己的目标以及能否实践。

评析

方鸣在历史竞赛前制订了详尽的复习计划，合理安排时间、分配复习内容、整合学习资源，并预留弹性时间以应对突发状况，最终在历史竞赛中取得了优异成绩。这一过程让他深刻认识到了行动前制订计划的重要性，进而影响了他在学习和生活中的整体规划和执行力。

制订行动计划的关键：

★**明确目标：**确立具体、可度量的目标。

★**时间管理：**合理安排时间，划分学习时段，平衡学习与休息。

★**任务优先级：**根据难度和个人掌握程度安排复习顺序。

★**资源整合：**有效整合多种学习资源，提高复习效率。

★**灵活性：**预留缓冲时间，以应对计划外的挑战。

★**自我评估与调整：**定期评估学习效果，灵活调整计划。

活动设计：“高效学习计划工作坊”

活动目标：

★理解高效学习计划的构成要素。

★掌握制订个人学习计划的方法。

★激发对自主学习的兴趣和责任感。

活动流程：

★导入案例

教师分享菲菲的案例，引导学生讨论并总结出高效学习计划的关键要素。

★小组讨论

将学生分为 4~5 人小组，分析菲菲的学习计划，讨论其覆盖的重点（如时间管理、任务分配、资源利用、自我监督等）及值得学习的优点。

每组挑选 1~2 个最值得学习的优点进行深入讨论，并推选代表发言。

每组代表分享讨论结果，教师归纳总结，强调学习计划的重要性和实用技巧。

★个人计划草拟

学生根据自身学习情况，结合菲菲计划的优点，草拟个人月度学习计划，要求明确具体目标、时间安排、资源利用方式及自我监督机制。

★小组互评

学生在小组内交换并讨论彼此的学习计划，提供正面反馈和建设性建议，促进相互学习。

★展示与反馈

邀请几位学生向全班展示他们的学习计划，教师和同学共同给予评价和鼓励。

★总结与反思

全体学生以书面或口头形式总结参与本次活动的收获，思考如何将所学应用到日常学习中。

课程总结：

通过“高效学习计划工作坊”，学生不仅学习了如何制订具体、可行的学习计划，还通过实际操作和小组互动，增强了对时间管理、自我监督等概念的理解。更重要的是，活动促进了学生间的相互学习和激励，帮助他们在实践中更好地理解个人目标设定与计划执行之间的联系，从而提升自主学习能力和学习效率。

扩展习题

1. 整合学习资源时，以下哪种做法是不正确的？（　　）

A. 只依赖课本进行学习　　B. 收集多种不同来源的资料

C. 对资源进行归类和整理　　D. 利用网络资源丰富学习内容

2. 设定任务优先级时，以下哪个因素通常不是考虑的重点？（　　）

A. 任务的紧急程度　　B. 任务的重要程度

C. 任务的趣味性　　D. 任务的难易程度

3. 在学习过程中，如果计划遇到变化，应该怎么做？（　　）

A. 坚持原计划，不考虑变化　　B. 根据变化调整计划，继续学习

C. 立即放弃学习　　D. 等待老师或家长给出新的指示

4. 制订学习计划时，以下哪项不是必要的步骤？（　　）

A. 分析自己的学习目标和需求

B. 确定每项任务的具体步骤和方法

C. 只选择自己感兴趣的学科进行学习

D. 评估自己的时间和资源，确保计划的可行性

5. 制订学习计划时，以下哪项是时间规划的关键步骤？（　　）

A. 直接开始学习，不做时间规划　　B. 选择最喜欢的学科开始学习

C. 确定每项任务所需的具体时间　　D. 忽略不重要的任务

答案：A　C　B　C　C

互动交流 3　提高执行力

在一个充满活力的小镇上，有一所名叫晨曦高中的学校。这里的学生们每天都怀揣着梦想，努力追求自己的目标。在这所学校里，有一个名叫张悦的高中生，她梦想成为一名杰出的钢琴家。然而，随着高中学业的加重，张悦发现自己在追求梦想的路上遇到了许多挑战。为了提高自己的执行力，她决定采取一系列行动。

张悦首先意识到，合理安排时间是提高执行力的关键。她制定了详细的日程表，将每天的学习、练琴和休息时间都规划得井井有条。她学会了将任务分解成小块，每完成一个小块就给自己一个小奖励，这样既能保持动力又能逐步完成任务。

然而，在执行计划的过程中，张悦经常受到外界干扰。有时，她会因为浏览社交媒体、看电视剧等娱乐活动而分心，导致计划被打乱。为了应对这个问题，张悦采取了一些措施。她关闭了手机上的社交媒体通知，将看电视剧等娱乐活动安排在完成学习和练琴任务之后。她还学会了使用番茄工作法，将学习时间划分为一个个 25 分钟的时间块，每个时间块结束后休息 5 分钟，以集中注意力和提高学习效率。

除了合理安排时间和规避外界干扰外，张悦还注重保持乐观积极的心态。她明白，面对挑战和困难时，心态的好坏往往决定了最终的成败。因此，每当遇到挫折或困难时，她都会告诉自己："这只是暂时的，只要我坚持下去，一定能够克服。"她还会寻找一些能够激励自己的方法，比如听一些励志的歌曲、阅读一些成功人士的故事等。

通过提高执行力，张悦在追求梦想的路上取得了显著的进步。她的钢琴技艺日益精进，学业成绩也稳步提升。更重要的是，她学会了如何克服困难、战胜自己。

1. 请学生分小组讨论，并分享各自的时间管理技巧。每组选出一种最有效的方法，并解释为什么觉得这个方法有效。
2. 请学生举手回答：如果你正在准备一场重要的考试，突然有一个朋友邀请你去玩。你会如何拒绝这个邀请，同时保持你们的友谊不受影响？
3. 请学生分享一些具体的奖励机制或自我激励方法。

评析

张悦，一位晨曦高中的学生，面对学业与梦想的双重挑战，通过合理安排时间、规避干扰、保持积极心态、设立奖励机制等策略，显著提高了自身的执行力，不仅在钢琴技艺上取得进步，学业成绩也有所提升，更学会了如何克服困难，实现自我超越。

提高执行力的关键：

★**时间管理：**合理规划时间，确保各项任务有序进行。

★**抗干扰能力：**减少外部干扰，保持专注。

★**积极心态：**保持乐观，正确面对挑战与失败。

★**自我激励：**设定奖励机制，提升行动力。

活动设计：“执行力与自我激励”分享会

活动目标：

★理解并学习不同类型的自我激励方法和奖励机制。

★掌握制定个性化奖励机制的技巧，提升自我管理能力。

★激发内在动力，培养积极向上、自我驱动的心态。

活动流程：

★开场介绍

教师简述张悦的故事，引出执行力和自我激励的重要性。

★分组讨论

将学生分为4~6人小组，每组分配一个主题（如时间管理方法、抗干扰技巧、积极心态培养、奖励机制设计等），讨论并收集组内成员的相关经验和想法。

★小组汇报

每组推选一名代表，分享本组讨论的最有趣或最有效的自我激励方法或奖励机制。

举例说明如何实施该方法，以及它如何帮助个人提升执行力或维持动力。

★全班交流

各组分享后，开展全班讨论，鼓励学生提问、评论或分享个人经历，增进相互间的理解和启发。

★计划设计

每位学生根据所学，设计一套个人化的自我激励计划，包括短期和长期目标、奖励机制，以及保持积极心态的具体策略。

★展示与反馈

随机抽取几位学生展示他们的计划，其他学生和教师给予正面反馈和建设性建议。

课程总结：

通过今天的“执行力与自我激励”分享会，学生不仅学习到了多种实用的自我激励方法和奖励机制，更重要的是，大家开始意识到，每个人的执行力提升之路都是个性化的，需要结合自己的实际情况灵活调整策略。无论是时间管理的小技巧，还是通过奖励机制给予自己的正面反馈，其核心都是为了培养我们内在的驱动力和坚持不懈的精神。希望大家能将今天学到的知识和技巧应用到日常生活和学习中，不断挑战自我，向着自己的目标迈进。

扩展习题

1. 在学习时，如何有效地规避外界干扰？（　　）

   A. 边听音乐边学习　　B. 把手机放在视线之外的地方

   C. 不断查看新闻和社交媒体　　D. 在嘈杂的环境中背课文

2. 关于合理安排时间以提高执行力，以下哪项建议是最有效的？（　　）

   A. 把所有学习任务堆积在一起完成　　B. 随机分配时间给不同的学习任务

   C. 只在心情好时学习　　D. 根据任务的难度和重要性来安排时间

3. 以下哪种心态最不利于提高执行力？（　　）

   A. 相信自己有能力完成目标　　B. 遇到困难时，积极寻找解决办法

   C. 总是怀疑自己的能力，缺乏自信　　D. 对学习保持持续的兴趣和热情

4. 运用自我激励的方法时，以下哪种做法是正确的？（　　）

   A. 设定一个遥不可及的目标，以此激励自己

   B. 为自己设定明确的小目标，并在达到后给予适当的奖励

   C. 忽视自己的进步，认为一切理所应当

   D. 只在完成所有任务后才给予自己奖励

5. 保持乐观积极的心态对于执行力的重要性在于（　　）。
   A. 乐观积极的心态能保证一定完成任务
   B. 乐观会让人过于自信而忽视挑战
   C. 积极的心态会使人忽视潜在的问题
   D. 乐观的心态有助于在遇到困难时保持动力

答案：B　D　C　B　D

互动交流 4　整合与利用学习资源

在一个普通的高中校园里，有一个名叫李阳的学生，他怀揣着对科学的热爱和对梦想的追求，每天都在为实现自己的学习目标而努力。李阳知道，要想在学习的道路上走得更远，仅仅依靠教材和课堂是远远不够的，他必须学会整合和利用各种学习资源。

李阳的学习之旅并不平坦。刚开始，他面对各种各样的学习资源时感到迷茫和无助。图书馆里的书籍浩如烟海，网络上的资料更是五花八门。但李阳没有退缩，他鼓起勇气，积极主动地寻找适合自己的学习资源。他向老师请教，与同学交流，甚至向学长学姐寻求建议。在这个过程中，他逐渐了解了各种学习资源的优缺点，也学会了根据自己的需求去筛选和整理这些资源。

在整合学习资源的过程中，李阳发现，不同的资源之间往往存在着千丝万缕的联系。有时候，一本书的某个章节能够解答他在网络上找到的某个问题；有时候，课堂上老师的一句话能够启发他去深入挖掘某个知识点的内涵。李阳意识到，整合学习资源不仅仅是将各种资料堆砌在一起，更是要让它们相互关联，形成一个完整的知识体系。

之后，李阳开始合理分配自己的时间和精力。他不再盲目地追求数量上的堆积，而是更加注重质量和效率。他制订了一个详细的学习计划，每天固定时间用于阅读书籍、浏览网络资料、做笔记和总结。同时，他还留出了一定的时间用于实践和探索，将所学知识应用到实际生活中去。

在持续的学习和利用资源的过程中，李阳逐渐感受到了自己的成长和进步。他的学习成绩稳步提高，对科学的理解也更加深入。更重要的是，他学会了如何独立思考和解决问题，这是他在整合学习资源的过程中获得的最宝贵的财富。

1. 将学生分成小组，每组选择一种学习资源（如教科书、在线课程、专家讲座等），然后讨论并展示他们是如何了解和整理这种资源的。
2. 请学生讲一讲，面对众多的学习资源，应该如何合理分配我们的时间和精力以确保学习目标的实现。
3. 邀请学生分享他们持续利用某一学习资源（如某本书、某个在线平台等）的经历，并讨论这种持续学习对他们的学习进步有何影响。

评析

李阳，一位对科学充满热情的高中生，面对海量的学习资源，从最初的迷茫到后来的熟练整合与利用，通过主动探索、筛选和整理，构建起了自己的知识体系。他不仅提高了学习效率，更在过程中学会了独立思考和解决问题，实现了个人成长和学习进步。

整合与利用学习资源的关键：

★**主动探索：**积极寻求信息来源，包括向老师、同学和前辈请教。

★**筛选整理：**根据个人需求和学习目标，甄别资源的质量和适用性。

★**建立关联：**建立不同资源间的联系，形成系统性的知识框架。

★**高效管理：**合理安排时间，平衡理论学习与实践应用，提高学习效率。

活动设计：“我的学习资源探索之旅”分享会

活动目标：

★理解整合与利用学习资源的重要性及方法。

★提升信息筛选、时间管理和实践应用的能力。

★激发学习兴趣，培养自主学习和持续进步的意识。

活动流程：

★导入环节

教师简述李阳的故事，引出整合与利用学习资源的话题及其对学生学习的重要性。

★个人反思

给学生5分钟时间，思考并记录下自己近期使用过的最有价值的学习资源及其带来的帮助。

★小组分享

将学生分为4~5人小组，每位学生轮流分享自己的学习资源使用经历（如某本书、在线课程、学习App等）。

分享内容应包括资源的选择理由、使用过程、遇到的挑战及如何克服、学习成效等。

★小组讨论

讨论持续利用这一资源对学习进步的影响，包括知识增长、技能提升、学习方法改进等方面。探讨在整合与利用资源的过程中遇到的共性问题及解决策略。

★全班展示

每组推选 1~2 名代表，向全班展示本组讨论的亮点资源和学习心得。

其他学生可提问或补充，形成班级内的资源互鉴与经验交流。

课程总结：

通过本次“我的学习资源探索之旅”分享会，学生不仅了解到整合与利用学习资源对于提升学习效率和深化理解的重要性，还看到了不同学生在实践中的独特探索。学习是一场终身的旅程，筛选、整合并有效利用众多资源，是每个人都需要掌握的关键技能。

扩展习题

1. 在整理学习资源时，以下哪种方法是不推荐的？（　　）

A. 将资料按照学科或主题进行分类

B. 为每个资源添加标签，方便以后查找

C. 定期回顾和更新自己的学习资源库

D. 将所有资料堆放在一起，需要的时候再找

2. 在持续学习和利用资源的过程中，以下哪种行为是不利于实现学习目标的？（　　）

A. 发现新的学习资源时，立即停止当前的学习去探索

B. 定期复习和巩固已学知识

C. 将所学知识应用到实际生活中去

D. 在学习过程中不断提出问题，并尝试解答

3. 关于整合与利用学习资源的重要性，以下哪种说法是不正确的？（　　）

A. 能够帮助我们拓宽知识视野　　B. 整合学习资源就是简单地堆砌资料

C. 可以提高我们的学习效率　　D. 有利于我们构建完整的知识体系

4. 在利用学习资源时，以下哪项做法是正确的？（　　）

A. 不考虑资源的适用性和相关性，随意使用

B. 只使用课本上的知识，不参考其他资料

C. 根据学习目标和需求，选择并整合合适的资源

D. 忽视资源的更新和变化，长期使用老旧资料

5. 在整理学习资源时，最重要的是什么？（　　）

A. 资源的数量　　B. 资源的来源　　C. 资源的质量　　D. 资源的类型

答案：D　A　B　C　C

互动交流5 行动后的回顾与反思

李汉是一名高中生，面临着即将到来的期末考试。他为自己设定了一个明确的学习目标：提高历史成绩，确保在考试中取得班级前5名的成绩。为了实现这一目标，他制订了详细的学习计划，并开始付诸行动。

在学习的过程中，李汉充分整合了身边的学习资源。他借阅了多本历史参考书，利用互联网搜索相关的学习资料，并参加了学校组织的历史讲座。他每天按时完成学习任务，不断积累知识和经验。

然而，在学习的过程中，李汉也遇到了不少困难和挑战。有时，他会因为某个历史事件或概念而陷入困惑。此外，他还需要应对其他学科的学习压力和时间分配的问题。面对这些困难，李汉并没有放弃，而是积极寻求解决方案。他向老师请教，与同学讨论，不断调整自己的学习方法和策略。

经过一段时间的努力，李汉越来越有把握。期末考试也终于来临了。李汉自信地走进考场，认真答题。最终，他取得了令人满意的成绩，实现了自己的学习目标。

然而，取得好成绩并不是李汉学习的终点。在回顾与反思的过程中，他开始思考自己在学习过程中遇到的困难和挑战。他认识到自己在某些方面还存在不足，需要进一步提高。于是，他开始总结经验教训，制定修改策略。

首先，他意识到自己在时间管理上还有待加强。为了更好地平衡各个学科的学习时间，他决定制定更加详细的时间表，并严格按照时间表执行学习任务。其次，他发现自己对某些历史概念和事件的理解还不够深入。为了加深对历史知识的理解，他决定利用暑假时间阅读更多的历史书。

通过回顾、反思和总结经验教训，李汉不仅提高了自己的学习能力，还为未来的学习之路设定了更加明确的计划和目标。他明白，学习是一个不断进步和成长的过程，只有不断反思和改进，才能取得更好的成绩。

1. 请学生分享一个自己成功实现学习目标的例子，并说一说这个成果带来了哪些积极的影响。
2. 将学生分成小组，讨论在实现学习目标的过程中遇到的困难和采取的应对策略，每个小组选出一名代表汇报讨论结果。
3. 请学生分享，在实现学习目标的过程中，哪些策略或方法对于实现目标特别有效。

评析

李汉作为一名高中生，通过设定明确的学习目标、制订并执行详细的学习计划，整合资源，克服困难，最终在期末历史考试中取得了优异成绩。考试后，他没有止步于已有的成绩，而是通过回顾和反思，识别出他在时间管理和深度理解两方面的不足，并据此制定了新的改进策略，为未来的学习打下了坚实的基础，体现了学习是一个持续进步和自我提升的过程。

行动后的回顾与反思是指在完成一项学习任务或经历一段学习周期后，对自己的学习过程、方法、成果进行全面的审视和思考，旨在识别问题、总结经验、提炼教训，并据此调整后续的学习策略和目标。

活动设计：“学习之旅的回望与启航”工作坊

活动目标：

★理解回顾与反思在学习过程中的重要性及方法。

★掌握如何进行有效的自我评估，制定改进策略。

★培养积极的自我反馈态度，增强持续学习的动力。

活动流程：

★导入环节

教师简述李汉的故事，引出回顾与反思的概念及其对学习进步的意义。

★个人反思

提供 10 分钟静思时间，让学生闭眼冥想，回顾最近一次重要的学习经历（如考试、项目、比赛等）。引导学生思考其间的成功与挑战、使用的策略、时间分配、资源利用、情绪变化等。

★小组分享

分组（4~5 人），每人轮流分享个人反思内容，小组成员倾听并给予正面反馈，讨论共同点、差异、各自的亮点与不足。

★ SWOT 分析

教师指导学生进行个人 SWOT（优势 Strengths、劣势 Weaknesses、机会 Opportunities、威胁 Threats）分析，明确个人学习状态，为后续策略制定提供依据。

★策略制定

每位学生基于反思和 SWOT 分析，制定 1~2 个具体的改进策略，如提升时间管理技巧、丰富资源获取渠道、调整学习方法等。小组内交流策略，互相提建议，优化方案。

★行动计划

制订一周内的具体行动计划，包括实施改进策略的步骤、时间安排。

设立可量化的检查点，确保计划的执行。

★代表分享

每组选派代表，分享小组内的一个代表性改进计划，全班讨论并给予鼓励。

全体学生写下个人学习承诺，贴在“启航墙”上，便于学生间相互监督与鼓励。

课程总结：

通过“学习之旅的回望与启航”工作坊，学生不仅理解了回顾与反思在学习中的核心作用，而且通过实践掌握了自我评估和策略调整的技能。活动激发了学生对自己学习过程的深入思考，促进了同学间的互助与学习，形成了积极向上的学习氛围。

扩展习题

1. 在完成学习目标后，以下哪项是回顾目标成果的正确做法？（ ）

   A. 只关注分数和排名　　B. 分析具体的学习成果和进步幅度

   C. 忽略过程中的不足和错误　　D. 不考虑目标的实现程度

2. 当我们发现自己在学习方法上存在问题时，应该怎么做？（ ）

   A. 忽略它，认为这不是大问题

   B. 立即改变学习方法，不再使用原来的方法

   C. 总结经验，思考问题的原因，并尝试改进学习方法

   D. 抱怨自己不够聪明，无法掌握好的学习方法

3. 回顾与反思的意义不包括以下哪项？（ ）

   A. 让我们更加自信，不再需要反思

   B. 帮助我们更准确地定位自己的学习状态

   C. 提升我们解决问题的能力和适应力

   D. 优化我们的学习方法和策略，为未来的学习做好准备

4. 在学习目标实现后，以下哪项不属于回顾目标成果的内容？（ ）

   A. 检查是否达到预定的学习目标　　B. 分析学习过程中的亮点和成就

   C. 评估自己的学习进步和成长　　D. 只关注学习中的错误和失误

5. 当回顾学习过程中的困难和挑战时，以下哪种做法是正确的？（ ）

   A. 忽视困难，认为它们不重要

   B. 只关注困难，对挑战视而不见

   C. 抱怨自己能力不足，无法应对困难

   D. 分析困难的原因，思考之后如何避免同样的问题

答案：B　C　A　D　D

第三章 探索学习策略

3.1 整理我的小书桌（小学生适用）

我们的小书桌就像是我们学习的小天地，它陪伴我们度过每一天的学习时光。一个整洁的书桌不仅能让我们的学习更加高效，还能让我们的心情更加愉快。

通过今天的班会，希望每位同学都能掌握整理书桌的小技巧，养成保持书桌整洁的好习惯。我们要明白，整理书桌不仅仅是为了让环境看起来更加整洁，更是为了帮助我们提高学习效率，让我们更好地专注于学习。

讲究个人卫生是我们每个人都应该重视的好习惯。它不仅关系到我们的健康，还体现了一个人的素养和品质。一个整洁的人，不仅给人留下良好的印象，还能赢得别人的尊重和信任。以下是有关个人卫生的名人名言，请同学们认真阅读，想一想为什么保持干净整洁对于一个人很重要。

1.“没有一个清洁的环境，再优裕的生活条件也无意义。”——曲格平

2.“人在智慧上应当是明豁的，道德上应该是清白的，身体上应该是清洁的。”——契诃夫

3.“一个人假如不从睡在摇篮里的时候开始养成人生的清洁的习惯，那是最危险不过的。”——夸美纽斯

4.“美必须干干净净，清清白白，在形象上如此，在内心中更是如此。”——孟德斯鸠

互动交流 1 书桌杂乱的原因

有一位名叫马克的小男孩，他聪明伶俐，活泼好动，但他有一个让人头疼的问题——总是乱放东西。无论是学习用品还是玩具，他总是随手一放，导致整个书桌和房间都乱糟糟的。

马克的妈妈经常提醒他整理好自己的东西，但马克总是左耳进右耳出，觉得整理

东西是一件非常麻烦的事情。他认为玩耍和学习是一回事，没有必要分开。因此，他的书桌上总是堆满了课本、练习册、文具和玩具，让人看了就“头晕目眩”。

有一天，马克放学后，像往常一样把书包、鞋和外衣扔在起居室的地板上，他把书包中的书一股脑全都倒在书桌上就打算开始写作业。可是，当他想要找出一支铅笔时，却发现铅笔盒里乱七八糟的，根本找不到。他焦急地翻遍了整个书桌，还是一无所获。这时，妈妈走进了房间，看到马克焦急的样子，不禁摇了摇头。

“马克，你看你的书桌乱成这样，怎么可能找得到东西呢？”妈妈耐心地指导马克，“你要学会整理和收纳，把学习和玩耍的东西分开。这样，你不仅能更快地找到需要的东西，还能提高学习效率。”

马克听了妈妈的话，虽然有些不情愿，但还是决定尝试一下。他开始整理书桌上的杂物，把课本和练习册放在一起，文具和玩具分别放进不同的盒子里。他还用标签标明了每个盒子的用途，方便自己查找。经过一番努力，书桌变得整洁有序，马克也感到心情愉悦。

然而，好景不长。没过多久，马克又开始乱扔东西了。他觉得整理书桌是一件非常麻烦的事情，而且很快就会变得乱七八糟，所以没有必要费心去整理。

妈妈发现了马克的问题，决定帮助他养成良好的整理习惯。她教马克如何分类整理物品，如何利用收纳盒和标签来更好地管理物品。她还鼓励马克每天花几分钟时间整理书桌，保持桌面的整洁。

在妈妈的帮助下，马克逐渐养成了良好的整理习惯，也明白了整理的重要性。

1. 教师向学生提问：是否觉得整理书桌很麻烦，为什么？
2. 请学生在小组内互相讨论，为什么书桌上只能放跟学习有关的物品，玩具放在书桌上会产生哪些不好的影响。
3. 请学生分享一些因为书桌不整洁而导致的有趣或尴尬的经历。

评析

马克是个聪明活泼的小男孩，但有个不好的习惯——乱放东西，导致书桌和房间杂乱无章。妈妈多次提醒他整理，但马克并未重视，直到一次找不到铅笔的经历让他初次尝试了整理。尽管如此，不久后他又故态复萌，认为整理是件麻烦且无效的工作。妈妈再次介入，通过传授整理方法、鼓励日常维护，最终帮助马克养成了良好的整理习惯，使他认识到整理的重要性。

书桌杂乱的原因：

★**物品分类不当：**没有区分学习用品与娱乐用品，混放导致混乱。

★**收纳系统不完备：**没有合适的容器或标签来分类管理物品，难以快速定位物品位置。

★**整理意识缺失：**认为整理是额外负担，忽视其对提高效率和愉悦心情的积极作用。

★**习惯养成难：**没有将整理作为日常习惯，导致环境易回归杂乱状态。

活动设计：“整洁书桌，高效学习”小组讨论

活动目标：

★理解书桌整洁的重要性，学习物品分类与管理的技巧。

★提升学生自我管理与物品整理的能力。

★培养良好的生活习惯和自我效能感。

活动流程：

★引入话题

简短回顾马克的故事，引出讨论主题——为什么书桌上只应放置与学习相关的物品，玩具等非学习物品放在书桌上会带来哪些负面影响？

★分组讨论

将学生分成4~6人小组。每组发放一张A4纸和一支记号笔，用于记录讨论点。讨论以下问题：

① 书桌上放置玩具等非学习物品会如何干扰学习？

② 整洁的书桌对学习效率和心情有哪些正面影响？

③ 如何有效区分和管理书桌上的物品？

每组派代表分享讨论结果，教师引导全班进行点评和补充，强化知识点。

★情景模拟

设计两个场景：一个是杂乱无章的书桌，另一个是整洁有序的书桌。邀请学生进行角色扮演，模拟在不同场景下寻找特定学习用品的情境，体验两者差异。

★总结与行动计划

教师总结整理书桌的好处，重申学习区与娱乐区分离的重要性。学生个人制订“我的书桌整理计划”，包括每日的整理时间、收纳方法等。

课程总结：

通过今天的小组讨论，学生不仅理解了保持书桌整洁对于提高学习效率和维护良好心情的重要性，还学会了如何区分物品类别，合理安排学习空间。一个有序的学习环境是高效学习的基石，希望大家能够将今天学到的方法应用到日常生活中，养成良好的整理习惯，让书桌成为高效学习的小天地。

扩展习题

1. 如果我们不重视整理书桌，可能会发生什么情况？（　　）
   A. 学习速度加快　　B. 学习时心情愉悦
   C. 找不到需要的学习用品　　D. 书本会自己回到原来的位置
2. 以下哪项不是书桌混乱的原因？（　　）
   A. 缺乏整理和收纳的习惯　　B. 总是忘记带书本回家
   C. 对整理不够重视　　D. 不知道整理的方法
3. 如果想要避免书桌变乱，应该怎么做？（　　）
   A. 把所有的玩具都扔掉　　B. 不在乎书桌是否整洁
   C. 定时整理书桌　　D. 从不整理书桌
4. 小明的书桌总是很乱，可能是因为他（　　）。
   A. 把玩具和学习用品分开摆放　　B. 每次学习后都及时整理书桌
   C. 每天都有妈妈帮他整理　　D. 从不区分玩具和学习用品
5. 以下哪项行为会让书桌变得不整洁？（　　）
   A. 边学习边玩玩具，东西随意摆放
   B. 使用书架将书籍分类放置
   C. 学习用品用完后立即放回原处
   D. 定期清理不需要的物品

答案：C　B　C　D　A

互动交流 2　书桌杂乱的影响

在一个充满阳光的小镇上，住着一个活泼可爱的小男孩，名叫小路。小路今年十岁，正在上小学四年级。他聪明伶俐，对新鲜事物总是充满好奇，但他有一个小小的坏习惯——不太爱整理自己的书桌。小路的书桌总是乱七八糟的，书本、文具、玩具和零食包装袋混杂在一起，仿佛是一个小小的杂物堆。每当坐在书桌前准备学习时，他总是要找半天才能找到需要的学习资料。尽管如此，小路并不在意，他认为这只是小事一桩，不会影响自己的学习。

然而，随着时间的推移，小路逐渐发现乱糟糟的书桌给他带来了不少麻烦。每当他坐在书桌前，总是被眼前的混乱景象所困扰，难以集中注意力。他常常分心去找东西，导致学习效率大大降低。

渐渐地，小路的学习热情也开始受到影响。他觉得学习变得枯燥无味，不再像以前那样积极主动地学习。他的成绩也开始下滑，这让小路非常苦恼。

除了学习上的困扰，乱糟糟的书桌还对小路的生活环境产生了影响。他的房间变得越来越乱，甚至影响了整个家的整洁度。每当妈妈走进小路的房间，她总是忍不住皱起眉头。她担心这样的环境不仅会影响小路的学习，还会影响他的生活习惯和自理能力。

小路也意识到了这个问题。他开始反思自己的行为，并决定改变现状。他明白了一个整洁有序的环境对于学习和生活的重要性。于是，他开始动手整理书桌，将书本分类摆放，文具归位，玩具和零食被放到了房间的其他地方，用过的包装袋则被收进了垃圾桶。经过一番努力，书桌变得干净整洁，整个房间也焕然一新。

整理完书桌后，小路再次坐在书桌前开始学习。他发现，这次他的心情格外平静，注意力也更加集中。他不再被杂物所困扰，学习效率也大大提高了。小路感到非常开心，他重新找回了学习的热情。

妈妈看到小路的变化，也感到非常欣慰。她告诉小路："一个整洁有序的环境不仅能让你的学习更加高效，还能帮助你培养良好的生活习惯和自理能力。你要继续保持下去！"

从那以后，小路养成了保持书桌整洁的好习惯。他的学习成绩逐渐回升，生活也变得更加有条理。

1. 让学生们两两组队，分别扮演书桌整洁的小学生和书桌混乱的小学生，通过模拟学习和生活的场景，展现两种不同习惯带来的不同结果。
2. 设计一个角色扮演游戏，让学生们扮演"整洁小侦探"，在教室寻找并整理凌乱的物品，通过游戏的形式培养整理习惯。
3. 请学生说一说，如果教室或者学校的物品摆放混乱，会产生什么影响。

评析

小路是一个对世界充满好奇的小学生，但他的书桌总是杂乱无章，起初他不以为意，但渐渐发现这影响了他的学习效率、学习热情乃至生活。混乱的书桌让他难以集中注意力，分心去找东西，成绩下滑，连带影响了生活环境。最终，小路意识到问题所在，主动整理书桌，重拾学习热情，成绩和生活秩序也随之恢复。妈妈的鼓励更坚定了他保持书桌整洁的决心。

书桌杂乱可能产生的影响：

★**分散注意力：**杂物干扰视线，让人难以集中精神学习。

★**降低效率：**频繁中断学习去寻找物品会浪费时间。

★**影响心情与动力：**杂乱环境使人感到烦躁，降低学习积极性。

★**影响生活习惯：**长期不整理可能导致自理能力和生活习惯变差。

★**影响家庭环境：**个人习惯可能影响家庭的整体整洁度和家庭氛围。

活动设计：“整洁小侦探”角色扮演游戏

活动目标：

★让学生认识到书桌整洁对学习和生活的重要性。

★培养学生的物品分类、整理和空间管理能力。

★增强学生的责任感，激发保持个人环境整洁的内在动力。

活动流程：

★角色设定

将学生分成若干小组，每组4~5人，扮演“整洁小侦探”团队。

★任务背景介绍

教室在“混乱怪兽”的侵扰下变得杂乱无章，小侦探们需要找出并整理教室中凌乱的物品，恢复学习环境。

★规则说明

每组分配教室的一个区域，限时10分钟寻找并整理。物品需按书籍、文具、回收物等分类放置到指定位置。每找到并正确整理一件物品得一分，分数最高的组获胜。

★游戏进行

学生们穿戴简易侦探装备（如纸制侦探帽）开始行动。

教师观察指导，确保安全，适时提示分类规则。

★成果展示与反馈

活动结束，各组展示整理成果，分享发现的“混乱怪兽”藏匿点和整理心得。

教师总结，表扬创意整理方法，强调书桌整洁的长远好处。

★延伸讨论

学生回到个人书桌，讨论如何将游戏中学到的技巧应用到日常学习环境中，制订“日常整洁小侦探”计划。教师鼓励学生互相监督和激励，保持个人书桌的整洁。

课程总结：

通过“整洁小侦探”角色扮演游戏，学生们不仅在实践中体验到了整理的乐趣，还深刻理解了书桌整洁对于提升学习效率、维护良好心情和培养良好生活习惯的重要性。活动通过寓教于乐的方式，激发了孩子们的责任感和自我管理意识，为他们在日常生活中自觉维护学习环境的整洁打下了基础。

扩展习题

1. 如果经常不整理书桌，可能会对自理能力产生什么负面影响？（　　）

A. 变得拖沓，不善于管理自己的事务　B. 变得更有条理，更有自我管理能力
C. 学会更多新技能　D. 变得更聪明

2. 书桌很乱时，以下哪种情况最有可能发生？（　　）
A. 更容易集中注意力学习　B. 更喜欢整理自己的书桌
C. 更容易找到自己需要的学习用品　D. 因为找不到东西而感到烦躁

3. 书桌的整洁程度对生活环境有什么影响？（　　）
A. 影响房间的大小　B. 只影响学习，不影响生活
C. 影响房间的美观和舒适度　D. 对生活环境没有影响

4. 如果你的书桌很乱，你应该如何整理它？（　　）
A. 把学习用品分类放好　B. 把所有东西都放进抽屉里
C. 不需要整理，反正乱糟糟也没关系　D. 不使用书桌，换个地方学习

5. 下列哪项不是书桌乱糟糟可能带来的后果？（　　）
A. 容易丢失学习用品　B. 可以更快地完成作业
C. 难以集中注意力　D. 失去学习动力

答案：A　D　C　A　B

互动交流3　书桌整洁的好处

在一个小镇上，住着一位名叫小杰的小男孩。小杰非常聪明，喜欢阅读和写作，但他的书桌却总是乱七八糟的，书本、文具和玩具混在一起，找东西时总是翻箱倒柜。小杰的妈妈经常提醒他整理书桌，但他总是觉得这不是什么大问题。

有一天，小杰的老师布置了一项重要的作业——写一篇关于“整洁书桌的重要性”的作文。小杰心想：“这下可怎么办？我的书桌从来都没整洁过。”

放学后，小杰看着乱糟糟的书桌，陷入了沉思。他想起每次找东西都要花费大量时间，有时候还因为找不到重要的书本而耽误了学习。小杰决定，他要改变这种状况，从整理书桌开始。

小杰开始动手整理书桌。他先把书本按照不同的科目分类摆放好，文具也整齐地放入文具盒中，玩具则被放进了玩具箱。经过一番努力，小杰的书桌变得整洁有序，看起来既舒适又美观。

整理完书桌后，小杰发现自己的学习效率提高了。他能够迅速找到需要的书本和文具，不再浪费时间在寻找上。而且，整洁的书桌也让他感到心情愉快，更愿意在这里学习和阅读。

随着时间的推移，小杰逐渐养成了整理书桌的好习惯。他不仅保持书桌的整洁，还把这种习惯延伸到生活的其他方面。他学会了把自己的房间整理得井井有条，还帮助妈妈分担家务，让整个家都变得更加整洁和舒适。

小杰的老师也注意到了他的变化，对他的进步给予了高度评价。在班级的一次分享会上，小杰向同学们讲述了自己整理书桌的经历和感受。他说："保持书桌的整洁不仅让我的学习环境变得更加舒适，还培养了我良好的生活习惯。我发现，当我生活在一个有序的环境中时，我的学习效率更高，心情也更加愉快。"小杰的故事引起了同学们的共鸣。他们纷纷表示要学习小杰的整理习惯，让自己的书桌也变得整洁有序。老师们也鼓励学生们培养良好的生活习惯，创造一个舒适的学习环境。

1. 教师向学生提问：你更喜欢在整洁有序的环境里学习，还是在杂乱无章的环境里学习？为什么？
2. 请学生用 5 分钟时间整理一下自己的书桌，并说一说整理过程中和整理后的感受。
3. 小组讨论说一说，保持书桌的整洁有哪些好处。

评析

小杰是一个聪明且爱读书和写作的孩子，但他的书桌总是杂乱无章。一次老师布置的作文作业促使他反思书桌整洁的重要性，从而开始动手整理书桌。整理后，小杰发现学习效率提升，心情也更加愉快，逐渐养成了保持书桌整洁的习惯，甚至影响了家人和周围的同学。小杰的故事展现了书桌整洁带来的正面影响，鼓励更多人效仿。

书桌整洁的好处：

★**提高效率：**容易找到所需物品，减少寻找时间，提升学习和工作效率。

★**放松心情：**整洁的环境让人感觉轻松愉快，减少压力，增强学习动力。

★**培养习惯：**养成良好的整理习惯，有助于提升自我管理能力，培养责任感。

★**优化空间：**充分利用空间，创造更多的工作和学习区域。

★**提高生活质量：**整洁的环境促进健康的生活方式，改善生活质量。

活动设计：5 分钟书桌整理挑战

活动目标：

★亲身体验书桌整洁的好处。

★培养快速整理和空间管理的技能。

★增强自我成就感，培养保持环境整洁的习惯。

活动流程：

★引入

教师简短回顾小杰的故事，强调书桌整洁的重要性。

★规则说明

给学生 5 分钟时间，让他们整理自己的书桌，使其变得整洁有序。可以设定简单的标准，如书籍按科目排列，文具归位，移除无关物品。

★计时开始

启动计时器，学生开始整理。

★过程观察

教师巡回指导，鼓励学生合理分类，高效利用时间。

★分享环节

每位学生分享自己在 5 分钟内是如何快速整理的，遇到的挑战及解决办法；描述整理前后的心情变化，以及对学习环境的新看法。

★总结讨论

教师总结整理技巧，强调整洁书桌的长远益处，鼓励学生持之以恒。

课程总结：

通过“5 分钟书桌整理挑战”，学生们不仅亲自体验了整理书桌的过程，直观感受到了环境变化带来的即时效果，还通过分享增进了彼此之间的交流和学习。活动不仅提升了学生们的整理技能和时间管理能力，更重要的是激发了他们对整洁环境的情感认同，为培养良好的生活习惯和学习态度奠定了基础。小杰的故事和这次活动共同证明，小小的行动能够引发积极的连锁反应，影响自我乃至周围的人群，创造更加和谐、高效的学习和生活环境。

扩展习题

1. 当你坐在一个整洁的书桌前学习时，你可能会感到（　　）。

A. 烦躁不安　　B. 紧张和焦虑　　C. 舒适和愉悦　　D. 无聊和厌倦

2. 为什么保持书桌整洁能提高学习效率？（　　）

A. 因为整洁的书桌让我们更容易集中注意力

B. 因为整洁的书桌让我们更容易分心

C. 因为整洁的书桌会让我们更慢地完成作业

D. 因为整洁的书桌对学习没有任何帮助

3. 保持书桌整洁对学生有什么长远的好处？（　　）

A. 让学生变得懒惰　　B. 让学生养成良好的生活和学习习惯

C. 让学生更难找到朋友　　D. 让学生对学习失去兴趣

4. 一个整洁的书桌是如何影响学习环境的？（　　）

A. 会让学习环境变得更吵闹　　B. 会让学习环境变得更混乱

C. 对学习环境没有影响　　　　　　　D. 会营造出一个舒适的学习环境

5. 保持书桌整洁的好处不包括哪一项？（　　）

A. 提高学习效率　　　　　　　　　　B. 增强成就感

C. 浪费时间和精力　　　　　　　　　D. 营造舒适的学习环境

答案：C　A　B　D　C

互动交流4　整理书桌可以利用的时间

小可是一个聪明伶俐的三年级学生，但他有一个小小的烦恼：每次学习结束，他的书桌总是乱糟糟的，书本、文具、试卷堆成一座座“小山”。妈妈经常提醒他，要养成整理书桌的好习惯，但小可总是左耳进右耳出，觉得整理书桌是一件既麻烦又枯燥的事情。

有一天，小可在图书馆看到一本介绍时间管理的书，书里面提到：“良好的习惯是成功的一半，整理书桌也是一种习惯，它能让你的学习和生活更有序。”小可决定尝试一下。

他开始尝试在学习间隙整理书桌。每当完成一项学习任务，比如读完一本书或者写完一篇作文，他都会抽出几分钟时间，把刚才用过的书本和文具归类整理好。这样，他的书桌逐渐变得整洁有序，他发现自己在下次学习时能够更快地找到需要的东西，心情也变得愉悦起来。

每天学习结束后，小可会留出一段时间来整理书桌。他会仔细检查每一个角落，确保没有遗漏的书本或文具。有时候，他还会用一块小抹布擦拭桌面，让书桌焕然一新，为第二天的学习做好准备。

除了每天的整理，小可还决定每周安排一个固定的时间来彻底清理书桌。他会把所有的书本和文具都拿出来，检查哪些是不需要的，哪些是需要保留的。然后，他会按照学科和用途把书本分类放好，文具也会整理得井井有条。

整理书桌的时间需要根据自己的个人习惯来安排。有时候，小可会在学习间隙整理，有时候则会在学习结束后整理。但无论如何，他都会确保有足够的时间来整理书桌，让自己的学习环境保持整洁和有序。

渐渐地，小可发现整理书桌不再是一件枯燥无聊的事情，而是一种享受。他喜欢在整理书桌时回顾自己的学习成果，感受成长的喜悦。他也发现，自从开始整理书桌后，他的学习效率提高了，心情也变得更加愉快。

1. 请学生进行小组讨论，说一说自己都在什么时间整理书桌，为什么。
2. 教师向学生提问：如果之前没有固定整理书桌的时间，现在会考虑在什么时间整理书桌？为什么？

评析

小可是一位三年级学生，面对书桌常常杂乱无序的烦恼，起初对此不以为意。偶然间，他在图书馆接触到时间管理的书籍，意识到整理书桌的重要性。于是，小可开始在学习间隙和每天学习结束后投入时间整理书桌，逐渐形成习惯，甚至安排每周进行一次彻底的清理。整理书桌的过程不仅让小可的学习环境变得井然有序，还提高了学习效率，更重要的是，他开始享受整理的过程，感受到成长的喜悦和心情的愉悦。

整理书桌可以利用的时间：

★**学习间隙：**完成一项任务后立即整理刚使用过的书籍和文具。

★**每天学习结束时：**为一天的学习画上句号，整理好书桌迎接第二天。

★**每周固定时间：**进行深度整理，评估物品是否需要，彻底清洁桌面。

活动设计：整理书桌习惯调查

活动目标：

★让学生认识到整理书桌的重要性及可利用的不同时间点。

★让学生学会根据个人习惯选择最适合自己的整理时机。

★培养学生对整理的积极态度，提高自我管理意识。

活动流程：

★引入话题

教师简述小可的故事，引出整理书桌的积极影响。

★调查前讨论

教师询问学生日常整理书桌的情况，鼓励学生思考自己习惯的整理时间。

★调查

教师调查并记录在不同时间整理书桌的学生人数。

★统计与分享

教师统计结果，并请几位代表分享在某个时间整理的理由。

★教师总结

强调根据个人习惯选择整理时间的重要性，鼓励大家尝试不同的方法，找到最适合自己的整理时间。

★倡导行动

建议学生尝试在不同时间整理，下周再次讨论感受和效率的变化。

课程总结：

通过“整理书桌习惯调查”活动，学生不仅了解了整理书桌的重要性，还探索了适合自己个人习惯的最佳整理时间。活动促进了学生之间的交流，增进了对自我管理重要性的认识，同时也激发学生进行不同的尝试。通过实际的体验和反馈，学生将更有可能把整理书桌融入日常，提升学习效率，享受一个更加有序的学习环境。

扩展习题

1. 每周固定时间整理书桌的好处是什么？（　　）
   A. 可以减少玩的时间　　B. 可以保持书桌的整洁
   C. 会让书桌变得更乱　　D. 没有好处
2. 应该根据什么来安排整理书桌的时间？（　　）
   A. 随心所欲，没有安排　　B. 他人的习惯
   C. 自己的时间和习惯　　D. 老师的强制要求
3. 以下哪个时间不适合整理书桌？（　　）
   A. 深夜临睡前，十分困倦的时候　　B. 放学后，开始做作业前
   C. 完成学习任务后　　D. 自己安排好的周末下午
4. 每天学习结束后，应该怎么做？（　　）
   A. 扔下书本，直接去玩耍
   B. 直接在未整理的书桌上玩玩具
   C. 整理好书桌，做好收尾工作，同时为第二天做准备
   D. 将所有书本随意堆放在书桌上
5. 为什么要在学习间隙整理书桌？（　　）
   A. 因为这样可以多玩一会儿
   B. 为了保持书桌整洁，方便随时找到学习用品
   C. 因为老师说要这样做
   D. 为了腾出更多的地方放玩具

答案：B　C　A　C　B

互动交流 5　保持书桌整洁的方法

在一个美丽的城市里，住着一个名叫小蕊的小女孩。小蕊非常喜欢阅读和学习，

她的书桌上总是堆满了各种各样的书籍和文具。但是，每次写作业或者看书的时候，她总是找不到需要的东西，因为书桌太乱了。一天，小蕊的好朋友小芳来家里做客。小芳看到小蕊凌乱的书桌，笑着说："小蕊，你的书桌好像一个小型的杂物堆啊！你应该整理一下，这样找东西会方便很多。"

小蕊听了小芳的话，觉得很有道理。她决定给自己的书桌来一次大变身。

首先，小蕊将所有的书籍和文具都收集起来，然后根据类别进行分类。她把课本放在一起，练习册放在一起，故事书放在一起，文具则放在另一个盒子里。这样一来，书桌上的空间顿时变得宽敞了许多。

接下来，小蕊决定制订一个整理计划。她知道自己有时候会忘记整理书桌，所以决定每天放学后花十分钟整理书桌，把用过的书本和文具放回原位。这样既能养成良好的习惯，又能保持书桌的整洁。

小蕊明白，整理书桌不能拖延。有时候她写完作业后会觉得很累，想休息一下再整理。但是她告诉自己："不能拖延，一定要及时整理。"于是，她坚持每天都按时完成整理任务。

此外，小蕊还学会了使用各种收纳工具来帮助她整理书桌。她买了一个可爱的笔筒，把所有的笔都放进去，这样既美观又方便。她还使用标签纸给每个收纳盒贴上标签，标明里面放的是什么物品，这样找东西就更加方便了。

时间一天天过去，小蕊的书桌变得越来越整洁。小蕊感到非常开心，她发现整理书桌不仅能让她的学习环境变得更好，还能培养她的自律能力和责任感。

小蕊的变化引起了班上同学们的注意。他们纷纷向小蕊请教如何整理书桌。小蕊很乐意分享自己的经验："其实，保持书桌整洁并不难。只要我们将书籍和文具按类别收纳，定期整理，不要拖延，学会使用收纳工具，制订整理计划，就能做到。而且，一个整洁的书桌不仅能让我们的学习更高效，还能让我们的心情变得更好！"

案例分析：小月的整理大法

小月是一个做事很有条理的小学生，在一次关于生活习惯的分享会上，她向大家分享了自己平时是如何整理书桌的。

方法一：分类收纳

她先将所有物品进行分类。课本和练习册被归类到"课本区"，放置在书桌的左侧，方便随时取用；笔、尺、橡皮等文具被归类到"文具区"，放在书桌的中间位置，方便写作和绘画；小物件和便签等则被归类到"杂物区"，放在书桌的右侧，方便随时查找和使用。

（板书　课本区：放置课本、练习册。文具区：放置笔、尺、橡皮等。杂物区：放置小物件、便签等。）

方法二：定期整理，制订整理计划

小月还制订了定期整理的计划。每天放学后，她都会花上几分钟进行简单的整理，将当天使用过的物品放回原位；每周六，她则会进行一次大扫除，彻底清理书桌和收纳工具，确保书桌始终保持整洁。

（板书　每天小整理，每周大扫除）

方法三：利用收纳工具

为了更好地整理书桌，小月还学会了使用各种收纳工具。她添置了许多书立和文件夹，这些工具能帮助她更好地归类和存放课本和练习册，不仅让书桌看起来更加整洁，还提高了小月的整理效率。

（板书　使用文件夹和书立等工具）

评析

小蕊原本有着一个杂乱无章的书桌，这使得她在学习时常常找不到所需物品。在好朋友小芳的建议下，小蕊决定对书桌进行整理，并且成功地将其转变为一个井然有序的学习空间。小蕊采取的措施包括：①将书籍和文具进行分类整理；②制订每日整理计划以维持整洁；③克服拖延心理，坚持每日整理；④巧妙运用收纳工具，如笔筒和带有标签的收纳盒，使得桌面既实用又美观。

保持书桌整洁的方法：

★分类收纳：将书籍按照课本、练习册、故事书等类别分开存放，文具统一收进笔筒或其他容器中，分类摆放物品。

★制订整理计划：设定固定时间，如每天放学后，进行桌面整理，养成定时整理的习惯。

★避免拖延：养成即时整理的习惯，完成学习任务后立即将物品归位，避免物品累积导致难以收拾。

★使用收纳工具：利用笔筒、文件架、带标签的收纳盒等工具，有序存放物品，便于快速找到所需物品。

★定期大扫除：除了日常的整理，每周或每月安排一次大扫除，彻底清洁和整理桌面，确保长期的整洁。

活动设计：小月的整理大法——打造高效学习空间

活动流程：

★导入环节

教师讲述小蕊的故事，引出整理书桌的必要性和好处，点明活动主题——小月的整理大法。

★理论讲解

板书展示“课本区”“文具区”“杂物区”的概念，解释分类收纳的重要性。

展示“每天小整理，每周大扫除”的定期整理计划，说明制订计划的好处。

介绍常用的收纳工具如书立、文件夹，演示它们的使用方法。

★分组实践

将学生分成小组，每组分配一个模拟书桌（可用桌子临时布置），要求应用所学方法进行整理。每个小组选出一位代表，分享本组的整理思路和使用的方法。

★角色扮演

选取几个学生分别扮演“小蕊”、“小芳”和“小月”，重现故事中的场景，加深印象。

角色扮演后，讨论哪些行为值得学习，哪些可以改进。

★创意收纳比赛

设定一个特殊挑战，例如“最小空间收纳大赛”，看哪个小组能在最有限的空间内最有效地收纳物品。鼓励创新思维，利用身边的简易材料自制收纳工具。

★总结分享

学生分享今天学到的知识、技能和感受，教师总结活动亮点，强调保持书桌整洁对于学习和个人成长的价值。

课程总结：

通过“小月的整理大法”活动，学生们不仅学习到了分类收纳、定期整理和利用收纳工具的具体方法，还在实践中体会到了整理书桌的乐趣和重要性。

扩展习题

1. 整理书桌时，应该怎样放置课本和练习册？（　　）

A. 随意堆放在书桌上　　B. 把它们藏在书桌抽屉里

C. 按科目分类并整齐摆放　　D. 把它们扔在一边，不管它们

2. 当我们完成一项学习任务后，应该怎么做？（　　）

A. 把书本和文具留在书桌上，不管它们

B. 立即整理书桌，把用过的东西放回原位

C. 等到明天再来整理

D. 让爸爸妈妈帮忙整理

3. 收纳工具在整理书桌中起到怎样的作用？（　　）

A. 能让书桌看起来更花哨　　B. 能让书桌变得更乱

C. 找东西需要花费更多时间　　D. 有助于快速找到需要的东西

4. 下列哪项不是保持书桌整洁的好方法？（　　）

A. 每天学习完及时整理书桌　　B. 制订一个每周的整理计划

C. 把所有东西都堆在一起　　D. 使用笔筒、文件夹等收纳工具

5. 关于整理书桌的计划，以下哪项描述是错误的？（　　）

A. 整理计划只需要制订一次，然后就不用管了

B. 可以制订一个每周的整理计划

C. 整理计划应该具有可行性

D. 整理计划中应包含整理次数和时间

答案：C　B　D　C　A

3.2 抵御游戏的“诱惑”（初中生适用）

在现今这个信息时代，电子游戏以其丰富多彩的内容和极富吸引力的互动方式，成为许多人的休闲选择。游戏确实能给我们带来快乐，帮助我们放松心情，但与此同时，过度沉迷于游戏也可能对我们的学习、生活和健康造成不良影响。

今天，我们的班会主题就是正确地看待游戏，在享受游戏带来的乐趣的同时，学会抵制游戏的过度诱惑。

在我们成长的道路上，我们时常会面临各种各样的诱惑，它们可能是电子游戏、社交媒体，也可能是其他让我们分心的事物。历史上的许多杰出人物都曾经面临过诱惑的挑战，并留下了宝贵的智慧。以下是一些有关抵御诱惑的名人名言，请同学们仔细阅读，想一想这些名人们是如何看待诱惑和解决诱惑的。

1.“物质的欲望，虚荣的诱惑，是使人们迷失的最大原因，许多可贵的才华与可能有的成就都在这种诱惑之下断送。”——罗曼·罗兰

2.“诱之不迁，胁之不惧。”——司马光

3.“人生不是一种享乐，而是一桩十分沉重的工作。”——列夫·托尔斯泰

4.“诱惑是人性中最危险的因素之一，因为它使我们丧失了理智和判断力。”——塞涅卡

5. “对于任何一种诱惑，最好的防御措施是坚定的意志力和自我约束。”——阿里斯托芬

互动交流 1　沉迷游戏的危害

在一个普通的城市里，有一个叫小卫的初中生。他原本是一个活泼开朗、身体健康的少年，但自从他开始沉迷于一款网络游戏后，他的生活发生了翻天覆地的变化。

小卫原本热爱运动，每天放学后都会和朋友们一起去打篮球，周末还会和家人一起去爬山。然而，自从他迷上了一款网络游戏后，他开始整天坐在电脑前，连续好几个小时都不肯停下来。他的作息时间变得混乱，晚上熬夜玩游戏，白天则无精打采，无法集中注意力学习。

不久，小卫的身体开始出现问题，这让父母十分担心。他的视力下降，还经常感到腰酸背痛。他的食欲也变差了，常常忽略吃饭的时间，导致营养不良。不仅如此，他的学业成绩也开始下滑。原本在班里表现优异的他，现在成绩一落千丈，老师们也对他表示了担忧。

除了身体健康和学业受影响外，小卫的社交能力也开始下降。他渐渐疏远了原本的朋友，不再参加课外活动，也不愿意和家人交流。他变得越来越孤僻，甚至产生了逃避现实世界的心理。

这些改变让小卫的父母非常担忧。他们试图跟小卫沟通，告诉他过度沉迷游戏的危害，但小卫总是听不进去。直到有一天，小卫因为连续玩游戏晕倒在家中，被紧急送往医院。

在医院里，医生告诉小卫的父母，小卫的身体状况很差，需要立刻调整作息和饮食习惯。同时，医生也提醒他们，过度沉迷游戏不仅会影响身体健康，还会损害心理健康。

这次事件让小卫深刻认识到了过度沉迷游戏的危害。他开始调整自己的作息时间，合理安排学习和娱乐时间。他也重新回到了球场和朋友们一起打球，重新找回了生活的乐趣。

1. 请学生讲一讲过度沉迷游戏对身体的危害。
2. 将学生分成几个小组，每个小组讨论过度沉迷游戏的一个具体危害，然后每个小组派一名代表向全班汇报讨论结果。

评析

故事讲述了初中生小卫因过度沉迷网络游戏，导致生活、健康、学业及社交各方面出现严重问题，直至一次身体危机让他意识到沉迷游戏的危害，并在之后积极调整

生活状态，重拾健康和社交生活。

沉迷游戏的危害：

★**身体健康受损：**长时间对着电脑或手机屏幕会导致视力下降、颈椎与腰椎疼痛，久坐不动会引起肥胖、血液循环不畅等问题。

★**学业成绩下滑：**沉迷游戏严重影响学习时间和精力，导致注意力分散，成绩退步。

★**社交能力退化：**与现实生活中朋友和家人的互动减少，导致人际关系疏远，可能形成孤僻性格，甚至逃避现实。

★**心理依赖与不良情绪：**长期沉迷可能产生对游戏的心理依赖，遇到挫折时更倾向于在游戏中寻求慰藉，而非面对现实问题，进而影响心理健康。

活动设计：“游戏与我”健康教育工作坊

活动流程：

★开场介绍

教师简述小卫的故事，引出话题“沉迷游戏的危害”，激发学生的兴趣和共鸣。

★小组讨论

将学生分成小组，每组讨论并列出至少三项过度沉迷游戏可能给身体带来的伤害。每组选派代表分享讨论结果，其他小组可补充或提问，形成课堂互动。

★专家视频 / 讲座

播放专家视频或邀请专业人士（如医生、心理学家）讲解沉迷游戏对身体的具体伤害（如视力损害、脊椎问题、睡眠障碍等），增强信息权威性。

★角色扮演

设计几个场景，如“长时间游戏后感到身体不适”“因为游戏错过重要课程”等，让学生通过角色扮演体验这些后果。请学生讨论角色扮演的感受，引导学生思考如何避免这些情况发生。

★制订健康计划

学生个人或小组合作，制订一份合理的游戏时间表，结合足够的休息、运动和学习时间。分享各自的计划，并承诺在接下来的一周内实施。

课程总结：

通过小卫的故事和“游戏与我”健康教育工作坊活动，学生们深刻认识到沉迷游戏可能带来的负面影响，包括身体健康受损、学业受挫、社交能力减退以及产生心理依赖等。活动旨在通过互动学习的方式，帮助学生建立正确的生活观念，掌握时间管理技巧，培养对现实生活的积极态度，从而促进其全面发展。

扩展习题

1. 过度沉迷游戏可能对身体健康造成什么影响？（　　）

A. 提高反应速度　　B. 增强身体协调性

C. 导致视力下降和坐姿不良　　D. 没有任何影响

2. 过度玩游戏是否可能导致社交能力下降？（　　）

A. 是，因为游戏让人更专注于虚拟世界

B. 否，因为游戏也是一种社交活动

C. 只有在玩暴力游戏时才会

D. 否，因为游戏能完全替代现实社交

3. 以下哪一项不是过度沉迷游戏产生心理依赖的表现？（　　）

A. 当无法玩游戏时会感到焦虑或不安

B. 对游戏产生强烈的渴望和冲动

C. 游戏成为日常生活中最重要的事情

D. 能够及时从游戏世界抽离出来

4. 以下哪项不是过度沉迷游戏可能带来的后果？（　　）

A. 影响家庭关系　　B. 使得身体更强健

C. 减少现实社交　　D. 影响学业成绩

5. 沉迷于电子游戏可能会如何影响学生的学业？（　　）

A. 提高学习效率　　B. 增强学习兴趣

C. 导致成绩下滑　　D. 增强记忆力

答案：C　A　D　B　C

互动交流 2　对游戏上瘾的原因

在初中的校园里，有一个叫小佳的孩子。他平时沉默寡言，成绩中等，但总是在课堂上心不在焉，脑海中时常浮现各种游戏的画面。每当放学后，他总是第一时间回到家，迫不及待地打开电脑，沉浸在游戏的世界里。

小佳的父母发现了他对游戏的沉迷，他们担心这会影响他的学业和未来。于是，他们试图与小佳沟通，想了解他为何如此沉迷于游戏。

小佳终于在一次晚饭时，敞开了心扉。他承认，游戏中的世界确实吸引着他，那里有无尽的冒险和挑战，每一次的胜利都让他感到成就感满满。在现实中，他的学业并不出色，总是受到老师和家长的批评，游戏成了他逃避学业压力的一个避风港。

而且，游戏中的刺激感也是他所追求的。在现实生活中，小佳觉得自己很平凡，没有什么特别之处。但在游戏中，他可以是英雄，可以是探险家，每一次的挑战和胜利都让他觉得自己充满了力量和魅力。

此外，小佳还提到，游戏满足了他的好奇心和探索欲。游戏中的世界充满了未知和神秘，他可以在那里探索各种未知的领域。

最后，小佳也承认，他确实缺乏自控力。他知道过度沉迷游戏不好，但他总是无法控制自己，总是被游戏的世界所吸引。

听完小佳的诉说，父母心中五味杂陈。他们明白，单纯的责备和禁止并不能解决问题。他们决定与小佳一起制定一个合理的游戏时间，同时鼓励他在现实中寻找自己的兴趣和激情，帮助他建立自信心和自控力。他们相信，只要给予小佳足够的理解和支持，他一定能够摆脱游戏的迷惑，找到属于自己的人生方向。

1. 请学生说一说，为什么有的同学会通过玩游戏来逃避学业压力。
2. 请学生说一说，自己是否有过沉迷游戏的经历，并向大家分享一下自己的感受。
3. 教师提前设计一份关于游戏上瘾原因的问卷，包括逃避学业压力、寻求刺激和成就感、满足好奇和探索欲、缺乏自控力等方面。在课堂上分发问卷，让学生匿名填写。收集问卷后，统计和分析结果，与学生一起讨论。

评析

小佳是一位沉默且成绩平平的初中生，由于现实中的不自信与学业压力，他逐渐沉溺于游戏世界，以寻求成就感、逃避压力，并满足好奇心和探索欲。小佳的父母通过沟通了解到小佳沉迷游戏的深层原因，决定采取理解和引导的方式，与小佳共同制定游戏时间表，鼓励他探索现实生活中的兴趣，从而帮助他建立自信和自控能力。

为何会对游戏上瘾？

★成就感与逃避现实：游戏提供的即时反馈（如等级提升、任务完成）给玩家带来强烈的成就感，对比现实生活中的挑战与批评，游戏世界成为逃避现实压力的避风港。

★角色扮演与自我实现：游戏中的多种角色让玩家能体验不同身份，满足了个人对于自我价值的追求和渴望。

★探索与好奇心：游戏世界的新奇与未知吸引着有强烈好奇心的玩家，提供了无尽的探索空间。

★社交与归属感：多人在线游戏促进了玩家之间的交流与合作，特别是对于内向或社交圈子有限的个体，游戏成为建立友谊和归属感的平台。

★自控力：青少年时期自我控制能力尚在发展之中，面对游戏的诱惑，往往难以自我节制。

活动设计：分享与反思——我的游戏时光

活动目标：

★理解游戏成瘾的原因，认识到养成健康的游戏习惯的重要性。

★培养自我反思和时间管理能力，学会平衡学习、娱乐与生活。

★增强同理心，减轻对游戏的过度依赖，提高自我价值感和社交能力。

活动流程：

★开场引导

教师简要介绍小佳的故事，引出沉迷游戏的现象及其背后的原因。

★个人反思

请学生闭眼静思几分钟，思考自己是否有沉迷游戏的经历，以及当时的心态和感受。

★小组分享

将学生分成小组（4~5 人），每人在组内轮流分享自己的经历和感受，包括是否曾沉迷游戏、为何被吸引、沉迷时的心情以及沉迷游戏的影响。

其他组员倾听后可提出问题或分享相似体验，促进相互理解。

★全班讨论

邀请几组代表分享小组内的典型故事或深刻见解。

教师引导讨论游戏上瘾的原因、可能的后果及如何健康地管理游戏时间。

★建议与规划

鼓励学生基于讨论提出个人减少游戏时间、寻找现实兴趣的计划，可邀请几位学生发言。教师总结健康生活、时间管理、兴趣培养的重要性，并提供资源或建议。

课程总结：

本次课程通过小佳的故事引出了游戏成瘾的现象和原因，并通过互动分享活动，使学生们有机会从个人及同伴的经验中学习如何识别游戏成瘾的迹象，理解其背后的心理需求，进而探讨如何养成健康的生活习惯、增强时间管理技能。

扩展习题

1. 小强在游戏中获得胜利后，会感到很有成就感，这说明了什么？（ ）

A. 小强在游戏中找到了自己的价值

B. 小强从不渴望得到成就感

C. 小强在现实生活中已经获得了足够的成就感

D. 小强在现实生活中也常常成功

2. 游戏中充满了未知和神秘,吸引小红去探索,这体现了游戏的哪个特点?（　　）

A. 社交性　　B. 竞技性　　C. 探索性　　D. 安全性

3. 小佳知道自己过度沉迷游戏不好，但还是无法自拔，这主要是因为他缺乏（　　）。

A. 自信心　　B. 自控力　　C. 社交能力　　D. 好奇心

4. 以下哪个选项不是游戏上瘾的原因?（　　）

A. 逃避现实生活中的困难和压力　　B. 在游戏中寻求刺激和冒险

C. 在游戏中可以提高学习成绩　　D. 满足好奇心和探索未知世界

5. 为什么有些人容易沉迷于游戏?（　　）

A. 他们缺乏其他娱乐方式

B. 他们天生就对游戏感兴趣

C. 他们热爱学习

D. 他们可能正在寻找现实生活中缺失的成就感

答案：A　C　B　C　D

互动交流 3　通过自身努力避免游戏上瘾

在一个普通的初中校园里，孙寻是一位游戏爱好者。他常常沉迷于电子游戏，几乎把所有的空闲时间都花在了游戏上。但渐渐地，孙寻发现他的学业成绩下降了，与同学们的交往也减少了，甚至有时会因为游戏而熬夜到很晚，导致第二天上课时精力不集中。

一天,孙寻意识到自己的问题,他决定改变这种生活方式。他知道,要抵御游戏上瘾,首先需要找到其他健康的兴趣爱好来替代游戏。于是，孙寻加入学校的篮球队，每天下课后，他都会和队友们一起训练，享受运动带来的快乐。

除了运动，孙寻还积极参与现实社交活动。他加入了学校的志愿者团队，利用周末的时间去帮助社区里的老人和孩子们。通过这些活动，孙寻结识了很多新朋友，他的社交圈子也变得更加丰富多样。

当然，控制游戏时间也是非常重要的。孙寻给自己设定了一个规矩：每周只能玩两个小时的游戏，而且不能影响学习和其他活动。他还在手机上设置了提醒，每当游戏时间达到规定上限时，手机就会提醒他停止游戏，去做其他事情。

最后，孙寻还学会了寻求专业支持与建议。他咨询了学校的心理辅导老师，了解如何更好地管理自己的时间和情绪。心理老师给他提供了一些实用的建议，帮助他更好地应对游戏上瘾的问题。

经过一段时间的努力，孙寻成功地戒掉了游戏瘾。他的学业成绩有了明显的提升，与同学们的交往也更加融洽。他学会了平衡游戏和学习、生活的关系，成为一个更加全面发展的学生。这个故事告诉我们，只要我们有决心和行动，就能够克服游戏瘾，迎接更加健康、充实的生活。

1. 请学生进行分组讨论，说一说积极参与现实社交活动对于抵制游戏上瘾有何帮助，并分享参与社交活动的经历和感受。
2. 请学生分享他们控制游戏时间的策略和方法，并讨论遇到的困难以及如何解决这些困难。

评析

孙寻是一个初中生，曾经沉迷于电子游戏，导致学业下滑和社交减少。他意识到问题的严重性后，通过加入篮球队、参与志愿者服务、限制游戏时间、寻求专业建议等方式，成功克服了游戏上瘾的问题，实现了学业、社交和个人发展的全面提升。

自身避免游戏上瘾的策略：

★**寻找替代爱好：**通过参加体育活动、社团或兴趣小组，用积极的兴趣爱好填充空闲时间。

★**设定游戏时间限制：**合理规划游戏时间，避免影响日常生活和学习。

★**参与现实社交活动：**增加与人面对面的交流，拓展社交圈，提高社交技能。

★**寻求外部帮助：**向老师、家长或心理咨询师求助，学习时间管理与情绪调节的技巧。

活动设计：“我的防沉迷日记”分享与讨论

活动目标：

★了解控制游戏时间的重要性及其有效方法。

★培养自我管理和时间规划能力，提升解决问题的技能。

★增强同伴间的理解与支持，提倡正向的情感表达和相互鼓励。

活动流程：

★预先准备（一周前）

学生记录一周内自己控制游戏时间的尝试，包括采用的方法、每日游戏时间、遇到的挑战及应对策略。

★分组讨论

小组内轮流分享“防沉迷日记”，讨论各自采取的有效策略和遇到的难题。

小组共同归纳 3~5 条最有效的控制游戏时间的方法。

★全体分享

每组推选代表分享小组总结，全班讨论并投票选出班级的最佳方法。

★难题工作坊

针对大家普遍遇到的难题，如“游戏吸引太强难以放下”、“朋友都在玩很难独善其身”等，分小组讨论解决方案。小组展示解决方案，全班给予反馈与建议。

★总结与承诺

教师总结活动，强调个人责任感与目标设定的重要性。学生写下自己今后在控制游戏时间方面的具体目标与计划，公开分享或私下分享给一位信任的同学，让其监督自己。

课程总结：

通过孙寻的故事和分享与讨论活动，本课程不仅教授了学生们具体的避免游戏上瘾的方法和时间管理技巧，更加强了他们在这方面的自我意识和自我控制能力。

扩展习题

1. 以下哪项不是寻求支持与建议的正确途径？（　　）

   A. 咨询心理咨询师　　B. 在专业网站询问解决方案

   C. 向老师寻求建议　　D. 认为父母不专业，拒绝与父母沟通

2. 如果你发现自己难以控制游戏时间，你应该怎么做？（　　）

   A. 换一个新游戏　　B. 向家长或老师寻求帮助

   C. 忽略问题　　D. 增加游戏时间以减轻压力

3. 为了抵御游戏上瘾，以下哪项措施是不正确的？（　　）

   A. 培养其他健康的兴趣爱好，如绘画和阅读

   B. 积极参与现实社交活动，如户外运动和志愿者工作

   C. 增加游戏时间，以便在游戏中取得更好成绩

   D. 设定合理的游戏时间限制，确保不影响学习和生活

4. 当发现自己沉迷于游戏时，以下哪种做法最有助于恢复生活平衡？（　　）

   A. 立即停止游戏，并寻求家人或朋友的帮助

   B. 继续玩，直到达到目标为止

   C. 无视问题，认为这只是暂时的沉迷

   D. 增加游戏时间，以缓解压力

5. 参与现实社交活动的好处不包括（　　）。

A. 结识新朋友，拓展社交圈　　B. 增强沟通和人际交往能力

C. 减少游戏时间，防止游戏上瘾　　D. 提高游戏水平，获得更多游戏奖励

答案：D　B　C　A　D

互动交流 4　在身边人的帮助下避免游戏上瘾

方宁是一个初中生，他平时喜欢玩游戏，尤其是最近新出的一款网络游戏，让他沉迷其中。每天放学后，他都会花费大量时间在游戏上，导致作业没完成，成绩也开始下滑。

方宁的父母发现了他的问题，他们知道游戏上瘾对孩子的危害很大，于是开始想办法帮助方宁。他们首先加强与方宁的沟通，每天与方宁聊天，了解他的生活和学习情况，引导他认识到游戏上瘾的危害。同时，他们也告诉方宁，他们会支持他培养其他健康的兴趣爱好，比如阅读、运动等，让他有更多的选择。

除了父母的帮助，方宁的老师也发挥了重要作用。老师们在课堂上讲解了游戏上瘾的危害，引导学生们正确看待游戏，并鼓励他们参加各种有益的活动。此外，老师还定期组织学生们参加宣传教育活动，让他们了解如何避免游戏上瘾，并分享成功的经验和方法。

在同龄人之间，方宁也找到了一些志同道合的朋友，他们互相监督，共同抵制游戏上瘾。他们一起参加各种活动，比如户外运动、读书会等，让生活更加丰富多彩。

最重要的是，方宁的家庭环境也变得更加健康积极。父母经常带他出去散步、看电影、参加家庭聚会等，让他感受到家庭的温暖和幸福。在这样的环境下，方宁逐渐摆脱了游戏上瘾的困扰，他的成绩也开始逐渐回升。

最终，方宁成功地戒掉了游戏瘾，他的生活变得更加充实和有意义。他明白了，游戏只是生活的一部分，不能让它占据自己的全部时间和精力。他也希望自己的经历能够给更多的同学带来启示和帮助。

1. 请同桌之间说一说，什么样的家庭环境能够帮助抵御游戏上瘾。
2. 邀请一些学生分享他们如何在家人的帮助下控制游戏时间，或如何与同龄人一起参与有益的活动，以取代长时间玩游戏。
3. 请学生讲一讲，如果发现朋友有游戏上瘾的迹象，会采取哪些措施来帮助朋友。

评析

方宁是一名沉迷网络游戏的初中生，成绩因此下滑。在其父母、老师和朋友的帮助下，方宁逐步认识到游戏上瘾的危害，并通过参与多样化的活动、培养新的兴趣爱好，

成功地摆脱了游戏上瘾的困扰，生活和学习重归正轨。

如何在身边人的帮助下避免游戏上瘾?

★**家庭沟通与理解：**家长应与孩子保持开放的沟通，了解孩子的需求，引导他们正确认识游戏与现实生活的界限。

★**培养健康兴趣：**鼓励孩子探索和培养除游戏外的其他兴趣，如阅读、运动等，以多样化活动填充空闲时间。

★**学校教育与引导：**学校应通过课程和活动普及游戏上瘾的危害，提供有益的课外活动，鼓励学生参与。

★**同龄人互助：**与有相同目标的朋友相互监督，一起参与健康活动，营造正面的社会支持环境。

活动设计：“预防游戏上瘾，携手共筑健康生活”分享会

活动目标：

★了解如何通过身边人的支持预防游戏上瘾。

★学习如何制订个人时间管理计划，以及与人协作抵制游戏诱惑的技巧。

★增强与家庭成员、朋友的情感联结，提升团队协作与责任感。

活动流程：

★开场介绍

教师简述方宁的故事，引出活动主题，强调身边人的帮助在避免游戏上瘾中的作用。

★分组讨论

将学生分为小组，讨论以下问题。

① 家庭中父母或兄弟姐妹是如何帮助你控制游戏时间的?

② 你和朋友一起参与过哪些代替游戏的有益活动?

③ 这些经历如何改变了你的生活习惯或对游戏的看法?

★代表分享

每组选派代表，分享小组讨论中的精彩故事或建议，鼓励其他同学提问或补充。

★专家访谈

邀请心理学老师或青少年问题专家，根据学生分享提出专业见解，解答疑问。

★制订行动计划

学生根据分享内容与专家建议，制订个人游戏时间管理计划或团体活动计划。

★总结与反馈

教师总结当天分享的主要收获，鼓励学生将学到的知识应用到实际生活中，同时提供反馈渠道，以便后续跟进与支持。

课程总结：

本次活动围绕“通过身边人的帮助避免游戏上瘾”这一核心，通过故事启发、小组讨论、专家指导与个人行动计划制订，不仅传递了知识和技能，更促进了情感的交流与共鸣。

扩展习题

1. 小明放学后经常沉迷于网络游戏，为了帮助他，以下哪种方法是不合适的？（　　）

A. 父母加强与他的沟通，了解他游戏上瘾的原因

B. 老师在课堂上公开批评他，让他感到羞愧

C. 同学邀请他一起参加户外运动，转移注意力

D. 家长限制他玩游戏的时间，设定合理的游戏时长

2. 关于家庭环境对避免游戏上瘾的影响，以下说法正确的是（　　）。

A. 家庭环境对游戏上瘾没有影响

B. 只要父母禁止孩子玩游戏，就能避免游戏上瘾

C. 提供健康积极的家庭环境，可以帮助孩子更好地避免游戏上瘾

D. 只有在父母的监督下，孩子才能完全避免游戏上瘾

3. 以下哪种行为属于同龄人之间的互相监督，有助于避免游戏上瘾？（　　）

A. 小赵发现小刘沉迷于游戏，提醒他注意控制时间

B. 小王和小张放学后一起去网吧玩游戏

C. 小李为了追赶上小张的游戏进度，熬夜玩游戏

D. 小刘和小吴在课堂上交流游戏攻略

4. 定期参与防沉迷宣传教育活动对于预防游戏上瘾的作用是（　　）。

A. 毫无作用

B. 可以帮助学生认识到游戏上瘾的危害，并提供解决方法

C. 只是浪费时间

D. 只会增加学生对游戏的兴趣

5. 小红发现她的朋友小李最近沉迷于手机游戏，她应该怎么做？（　　）

A. 跟小李一起玩，增进友谊

B. 告诉小李的父母，认为自己无能为力

C. 劝说小李控制游戏时间，并一起寻找其他兴趣爱好

D. 不闻不问，认为这是小李个人的问题

答案：B　C　A　B　C

互动交流 5　平衡娱乐与学业

在一个充满活力的小镇里，有一个名叫郑豪的初中生。郑豪平时很喜欢玩游戏，但学业成绩一直保持在班级前列。他之所以能够平衡娱乐和学业，是因为他掌握了一些有效的方法。

郑豪每天早上都会制定一个详细的时间表，合理规划学习和娱乐的时间。他知道，只有合理安排时间，才能确保两者都不被忽视。比如，放学后他会先花一个半小时学习，然后留出半个小时的时间来放松自己，玩一会儿游戏。

郑豪还有一个小秘诀，那就是将娱乐作为完成学业的奖励。每当他完成了一项学习任务，比如背完了单词或者完成了数学作业，他就会奖励自己一些游戏时间。这样，他既能保持学习的动力，又能享受游戏的乐趣。

郑豪还非常注重选择有利于学习的娱乐活动。比如，他会选择一些益智类的游戏，如数独、围棋等，这些游戏不仅可以帮助他放松，还能提高他的思维能力。此外，他还会利用周末的时间去图书馆阅读，这不仅丰富了他的课外知识，还让他更加热爱学习。

对于学习，郑豪从不给自己太大的压力。他知道，只有保持良好的心态，才能更好地应对各种挑战。当他感到压力大的时候，他会选择去户外散步、听音乐或者和朋友聊天，这些方式都能帮助他放松心情，调整心态。

通过以上的方法，郑豪成功地平衡了娱乐和学业，不仅学习成绩优异，还过得非常开心。他的故事告诉我们，只要掌握正确的方法，我们也能在享受娱乐的同时不耽误学业。

1. 让学生分组，并为他们提供一条 24 小时时间线，让他们在时间线上规划出学习、娱乐、休息和其他活动的时间。完成后，每个小组可以分享他们的规划，并说明这样规划的理由。
2. 鼓励学生列出一些他们认为有利于学习的娱乐活动，并分享这些活动如何帮助他们学习。
3. 小组内讨论说一说，当面临学业压力时，应该如何调整自己的心态，分享各自的心得和技巧，如深呼吸、进行放松练习、与朋友交流等。

评析

郑豪是小镇里的一名初中生，他凭借独特的时间管理技巧、奖励机制、选择性的娱乐活动以及良好的心态调节方法，成功地平衡了娱乐与学业之间的关系，不仅保持了优异的学习成绩，还充分享受了生活乐趣。他的故事展示了如何高效利用时间，将娱乐融入学习生活，从而实现两者的完美平衡。

平衡娱乐与学业的方法：

★**时间管理：**合理规划日常时间，为学习和娱乐设定明确时段。

★**奖励机制：**将娱乐活动作为完成学习任务的奖励，激发学习动力。

★**选择性娱乐：**选择能促进智力发展的娱乐活动，如益智游戏、阅读等。

★**心态调整：**适当放松，采用有效方式缓解学习压力，保持积极乐观的心态。

活动设计：“智慧娱乐，乐学同行”分享会

活动目标：

★了解如何有效地平衡学习与娱乐，掌握时间管理与压力调节的技巧。

★提高自我管理能力和团队合作能力，学习如何选择对学习有益的娱乐活动。

★增进同学间的相互理解和鼓励，培养积极向上、乐学乐活的学习态度。

活动流程：

★导入环节

教师简述郑豪的故事，引出平衡娱乐与学业的重要性。

★小组讨论

将全班分成若干小组，每组 4~5 人。讨论并列出小组成员认为有利于学习的娱乐活动，至少 3 项，说明这些活动如何辅助学习。

★创意展示

每个小组选取代表，通过 PPT、海报或口头报告等形式，向全班展示他们的发现和想法，分享娱乐活动对学习的正面影响。

★全班讨论与交流

各小组分享结束后，开展全班讨论，鼓励学生相互提问和补充，深化理解。

★教师总结与建议

教师总结各小组分享的亮点，提出更多实用的平衡学习与娱乐的建议，如使用时间管理 App、使用心理调适技巧等。

★制订个人计划

学生根据所学，独自或小组合作制订一周的平衡学习与娱乐的个人计划，包含想要尝试的新娱乐活动及其预计对学习的帮助。

课程总结：

通过本次“智慧娱乐，乐学同行”分享会，学生不仅认识到平衡娱乐与学业的必要性，还学会了多种实用的方法和策略。活动增强了学生的自我管理意识，激发了探索有益娱乐活动的热情，同时也促进了同学间的互动与理解，形成了支持和鼓励的学习氛围。

扩展习题

1. 为了平衡娱乐和学业，以下哪种做法是不推荐的？（　　）
   A. 制定一个明确的学习时间表，并坚持执行
   B. 把娱乐活动安排在学业完成后
   C. 经常熬夜学习，然后用白天的时间来娱乐
   D. 根据自己的学习习惯和效率来安排学习和娱乐时间
2. 以下哪种娱乐活动有助于促进学习？（　　）
   A. 阅读与学科相关的书籍　　B. 长时间玩电子游戏
   C. 与朋友闲聊八卦　　D. 看无关紧要的电视节目
3. 当你在学习过程中感到压力时，以下哪种方法可以帮助你调整心态？（　　）
   A. 继续给自己施加更大的压力　　B. 忽略这种感觉，继续学习
   C. 深呼吸，放松身心　　D. 放弃学习，进入游戏世界
4. 制定合理的时间表的作用是什么？（　　）
   A. 可以让娱乐活动变得更多
   B. 可以减少学习时间
   C. 可以让学习变得更加困难
   D. 有助于在学习和娱乐之间找到平衡
5. 在制定学习和娱乐的时间表时，以下哪项原则是应该遵循的？（　　）
   A. 将所有娱乐时间安排在学习时间之前
   B. 随意安排，不需要固定的时间表
   C. 确保娱乐时间足够长，学习时间尽量少
   D. 根据个人习惯和学习效率来制定合理的时间表

答案：C　A　C　D　D

3.3 开启我的元认知之旅（高中生适用）

在这个充满活力和探索精神的年纪，我们站在人生的十字路口，面临着无数的选择和机遇。而元认知，这把神秘的钥匙，将帮助我们打开认知的大门，拓宽视野，提高学习效率，更好地规划我们的未来。

在这个信息爆炸的时代，我们不仅要学会获取知识，更要学会高效地学习、创新思考。元认知正是这样一种工具，它能够帮助我们站在更高的层次上，俯瞰整个学习过程，发现自身的不足，挖掘自身的潜力。今天，我们将一起踏上这段元认知之旅。我们将通过分享、讨论和实践，逐步深入了解什么是元认知以及如何掌握元认知。

在探索元认知的道路上，自我反思和自省扮演着至关重要的角色。许多名人通过他们的言行，为我们提供了有关反思和自我省察的启示。以下是一些有关自省的名言，请同学们认真阅读后，说一说从这些名言中能否体会到自省的重要性。

1.“反省是一面镜子，它能将我们的错误清清楚楚地照出来，使我们有改正的机会。”——海涅

2.“人不能没有批评和自我批评，那样一个人就不能进步。”——毛泽东

3.“被人揭下面具是一种失败，自己揭下面具是一种胜利。”——雨果

4.“要让我写自己的历史，我就写我的错误。”——周恩来

5.“反躬自省和沉思默想只会充实我们的头脑。”——巴尔扎克

6.“每人都看自己的前面，但我看自己的内部。对于我，只有自己是对象。我经常研究自己，检查自己，仔细探讨自己。”——蒙田

7.“只有懂得自我反思的人才有资格去影响别人。”——罗曼·罗兰

8.“一分钟的思考抵得过一小时的唠叨。”——托马斯·胡德

互动交流1　什么是元认知

在一个阳光明媚的午后，李老师在办公室里批改作业，她是一位经验丰富的语文老师，对学生的学习策略有着深入的了解。这时，学生小雨来到了办公室想找老师解决自己的困惑。原来，小雨对元认知这一概念感到有些疑惑。

小雨开口问道：“李老师，我一直听您提到元认知，但我不太明白它到底是什么。”李老师微笑着解释道：“元认知，简单来说，就是了解和调控自己的认知过程。它能帮

助我们更好地学习，提高学习效率。”

小雨好奇地问：“那具体怎么运用元认知呢？”

李老师想了想，说：“我给你举个例子吧。比如你在学习语文时，可以先制订一个学习计划，明确每天要完成的任务和目标。这就是元认知对认知活动的计划。”

小雨点头表示理解，李老师继续说道：“然后，在学习的过程中，你可以时刻监控自己的思维过程，检查是否按照计划进行，是否理解了课文的主要意思。如果发现自己走入了误区或者遗漏了重要信息，那么就要及时调整自己的学习策略。这就是元认知对认知活动的监控。”

小雨听后深有感触：“原来我在学习过程中已经不自觉地运用了元认知。那学习结束后呢？”

李老师补充道：“学习结束后，你可以进行反思和总结，思考自己在哪些方面做得好，哪些方面需要改进，并制定相应的改进策略。这样，你就能更全面地提升自己的学习能力。”小雨兴奋地说：“原来元认知这么重要啊！谢谢李老师，我明白了。”

两人聊得十分愉快，都觉得这次交流对彼此有很大的帮助。他们决定以后要多进行这样的交流，共同探讨学习的奥秘。

随着太阳逐渐西下，李老师和小雨离开了办公室。这次交流不仅让小雨对元认知有了更清晰的认识，还拉近了师生之间的距离。在未来的学习生活中，他们将携手共进，不断探索和进步。

1. 请学生进行小组讨论，说一说是如何理解元认知的。讨论过后请代表上台讲一讲对元认知的认识与理解。
2. 教师组织一个小游戏，让每位学生写下自己的三个优点和一个想要改进的地方，然后随机抽取同学的纸条来评价他们的自我认知是否准确，从而引导学生理解元认知是自我认识的能力。

评析

学生小雨在李老师的帮助下理解了元认知的概念及其在学习中的应用。李老师通过具体例子，向小雨解释了元认知包括制订学习计划、监控学习过程、进行学习后的反思和总结三个方面，从而使小华认识到元认知对于提升学习效率和能力的重要作用。

元认知是什么？

元认知是指个体对自己的认知过程的认知和调节能力，它包括三个关键部分：计划、监控和评估。元认知能力帮助个体设定学习目标、监控学习进程中的思维活动、事后反思学习效果，从而不断调整学习策略，促进高效学习。

活动设计：自我认知大挑战

活动目标：

★理解元认知的概念，特别是自我认知的能力。

★培养自我评价与反思的能力，以及同理心和社交技能。

★增强自我认同感，促进同学间的相互理解和尊重。

活动流程：

★介绍元认知

教师简短回顾元认知的概念，并强调自我认知的重要性。

★写下自我认知

给每位学生分发一张纸，让他们写下自己的三个优点和一个想要改进的地方。鼓励学生诚实地评估自己，无须需担忧他人评价。

★纸条交换与评价

学生将写好的纸条折叠后投入一个箱子中，由教师或学生代表随机抽取纸条，全班针对每一项内容进行讨论，评价是否准确，以及为何这么认为。鼓励建设性的反馈。

★自我反思

评价结束后，学生领取回自己的纸条，对比同学们的评价，进行自我反思。书写一段简短的自我反思，包括自己之前的认识与现在有何不同，以及未来的改进计划。

★全班分享

鼓励几位学生自愿分享自己的反思，包括新认识的优点、需要努力的方向及如何运用元认知进行调整。

★总结与鼓励

教师总结活动，强调自我认知在元认知中的作用，以及本次活动的意义。

鼓励学生持续运用元认知技巧，不断提升自我认知和学习效率。

课程总结：

通过李老师与小雨的对话，学生深入理解了元认知的定义及应用，并通过“自我认知大挑战”活动，亲身体验了自我评价与反思的过程。这一系列的互动不仅加强了学生对元认知理论的认识，还提升了他们的自我认知能力和人际交往技能，为培养高效的学习策略奠定了基础。

扩展习题

1. 元认知包括对自己认知活动的（　　）。

A. 监控　　B. 忽视　　C. 否认　　D. 预知

2. 下列哪项不属于元认知的活动？（　　）

A. 制订学习计划　　B. 随意翻阅书本

C. 评估自己的理解程度　　D. 检查解题步骤

3. 下列哪项不是元认知的特点？（　　）

A. 自我觉察　　B. 自我反思　　C. 自我调控　　D. 自我否认

4. 元认知与自我认识的关系是（　　）。

A. 元认知是自我认识的一部分　　B. 自我认识是元认知的全部

C. 元认知和自我认识是相互关联的　　D. 元认知和自我认识是完全独立的

5. 元认知主要指的是什么？（　　）

A. 对外部世界的感知　　B. 对自己的思维和认知过程的认识

C. 对他人行为的理解　　D. 对自身物质条件的管理

答案：A　B　D　C　B

互动交流 2　元认知的作用

王强是一位普通的高中学生，他学习勤奋，但总是感觉效率不高，遇到问题时也容易陷入困境。他听说过元认知的概念，但从未真正理解和应用过。

有一天，王强参加了一场关于学习策略的讲座，讲师详细解释了元认知的概念及其重要性。王强被深深吸引，他决定尝试运用元认知来提高自己的学习效率。

王强开始意识到，元认知能帮助他更好地了解自己的学习方式。他通过观察自己的学习习惯，发现自己在阅读时容易分心，而在做习题时则更加专注。于是，他调整了自己的学习计划，将阅读时间安排在较为安静的环境中，以提高专注度。这种自我调整让他的学习效率得到了显著提升。

随着对元认知的深入理解，王强发现它还能增强自己解决问题的能力。当他遇到难题时，他会先停下来，反思自己的解题思路，尝试从不同的角度思考问题。这种有意识的思考过程让他在面对难题时不再那么迷茫，而是能够更有条理地分析并找到解决方案。

在元认知的引导下，王强逐渐形成了自我监控和自我调节的习惯。他会定期检查自己的学习进度，评估自己的学习效果，并根据总结进行相应的调整。这种自我管理能力不仅让他的学习更加高效，也让他在面对压力和挑战时更加从容不迫。

最重要的是，元认知让王强意识到学习是一个持续不断的过程。他不再满足于仅仅为了考试而学习，而是开始主动探索自己感兴趣的领域，享受学习的过程。这种对学习的积极态度让他在未来的学习和生活中都受益匪浅。

通过运用元认知，王强不仅提高了自己的学习效率，还培养了解决问题的能力，形成了自我监控和自我调节的习惯，更重要的是，他找到了学习的乐趣和价值。他相信，只要继续运用元认知，他就能在未来的学习和生活中不断进步，实现自己的梦想。

1. 请学生进行分组讨论，分享使用元认知来提高学习效果的实例。讨论结束后，每组选择一名代表向全班汇报讨论成果。
2. 教师设定一个复杂的学习难题，让学生分组进行解决。在解决问题的过程中，鼓励学生使用元认知来监控和调整他们的解题策略。最后，让每组展示他们的解决方案，并讨论元认知在解决问题过程中的作用。
3. 请学生分享自己的学习经验，比如通过反思学习方法和调整学习计划来提高学习效率。教师引导学生讨论这些策略的有效性，并鼓励他们在日常学习中实践元认知。

评析

故事讲述了高中生王强通过理解和应用元认知概念，从一位学习效率不高的普通学生转变为一个高效、自主学习者的过程。

元认知的作用：

★**提升学习效率：**通过自我观察，调整学习环境和策略，如改变阅读环境以减少分心。

★**增强问题解决能力：**遇到难题时，通过反思和多角度思考，更有条理地分析并找到解决方案。

★**增强自我管理：**形成自我监控和自我调节的习惯，定期评估学习效果并据此调整学习计划。

★**促进学习态度转变：**认识到学习的长期价值，从被动学习转为主动探索，发现学习乐趣。

活动设计：元认知与复杂问题解决

活动目标：

★理解元认知的概念，学习如何在实际学习中应用元认知技巧。

★培养问题解决、团队合作和自我调节的能力。

★激发对学习的兴趣和积极态度，增强面对困难时的自信心和韧性。

活动流程：

★引入与分组

教师简要回顾王强的故事，强调元认知的重要性。将学生随机分为小组，每组4~5人。

教师提供一个复杂的学习难题，例如解决一个数学建模问题或分析一篇复杂的科学文章。确保难题对所有学生都有挑战性，但又是可解决的。

★元认知策略介绍

教师介绍元认知策略分为以下三个方面。

自我监控：记录解题过程，包括时间分配、遇到的障碍等。

自我调节：适时调整解题策略，如更换解题方法、分工协作等。

反思与调整：小组讨论解题过程中哪些方法有效，哪些需要改进。

★分组解题

各小组应用元认知策略解决问题，教师巡回指导，鼓励学生讨论和运用不同策略。

★成果展示与讨论

每组展示他们的解题过程、使用的策略及成果，分享元认知如何帮助他们调整策略、克服障碍。全班讨论元认知在问题解决中的具体作用和每位成员的个人体验。

★总结与反思

教师总结本次活动，强调元认知的积极作用，鼓励学生在日后的学习中继续实践这些策略。引导学生运用元认知进行个人学习规划。

课程总结：

本课程通过王强的故事引入元认知的概念，然后通过实践性的小组活动，让学生亲身体验到元认知在复杂问题解决中的重要作用。活动不仅提升了学生的认知策略和问题解决技能，还促进了学生之间的相互学习和合作，更重要的是，激发了学生自主学习和终身学习的内在动力。

扩展习题

1. 在学习过程中，元认知如何帮助调整学习策略？（　　）

   A. 阻碍调整　　B. 没有帮助　　C. 促进自我调节　　D. 忽略反馈

2. 通过元认知，学生在学习中可以更好地进行（　　）活动。

   A. 忽视错误　　B. 放弃挑战　　C. 随意学习　　D. 自我监控

3. 下列哪一项不是元认知对学生问题解决能力的影响？（　　）

   A. 帮助识别问题　　B. 减少学习时间

C. 提高问题解决速度　　D. 增强创新思维

4. 元认知在促进自我监控和自我调节方面，以下哪项描述是不准确的？（　　）

A. 元认知与自我监控和自我调节无关

B. 元认知使我们能够监控自己的学习过程

C. 元认知可以帮助我们调整学习策略

D. 元认知使我们能够识别并修正自己的错误

5. 培养终身学习习惯的过程中，元认知的作用是（　　）。

A. 阻碍知识获取　B. 减弱学习动力　C. 促进自主学习　D. 简化学习内容

答案：C　D　B　A　C

互动交流3　培养元认知能力的方法

在一个阳光明媚的午后，高中生小南坐在窗前，手里拿着一本关于元认知的书，陷入了沉思。小南一直是一个勤奋的学生，但他总觉得自己的学习效率不够高，常常花费大量时间却收获甚微。他听说过元认知这个概念，知道它对于学习的重要性，但却不知道如何培养这种能力。

有一天，小南在网上看到了一篇文章，里面详细介绍了如何培养元认知能力。文章提到，经常反思与总结是提升元认知的关键。小南心想："这不就是我一直在做的事情吗？"每次考试后，他都会认真分析自己的错题，找出原因并总结经验教训。然而，小南意识到，这种反思和总结还不够系统，需要更加深入和全面。

于是，小南决定开始编写自己的学习日志。每天晚上，他都会抽出一段时间来回顾自己一天的学习情况，记录下自己的收获和不足。通过这种方式，小南能够更好地了解自己的学习状态，发现自己在哪些方面存在短板，从而有针对性地进行调整。

除了反思和总结，文章还提到了学习多种学习策略的重要性。小南意识到，不同的学科和知识点需要不同的学习方法。于是，他开始尝试学习多种学习策略，如思维导图、SQ3R 阅读法等，并将它们应用到实际学习中。小南发现，这些学习策略不仅提高了他的学习效率，还使他对学习产生了更浓厚的兴趣。

此外，文章还强调了经常自我反馈和提问的重要性。小南决定在每周末进行一次自我反馈，评估自己一周的学习情况，找出进步和不足。同时，他也鼓励自己在学习过程中勇敢提问，无论是向老师请教还是与同学讨论，都能够帮助他更好地理解和掌握知识。

经过一段时间的实践，小南发现自己的元认知能力得到了明显的提升。他不再盲目地学习，而是能够根据自己的实际情况选择合适的学习策略，更加高效地掌握知识。他的学习成绩也有了显著的提高，更重要的是，他享受到了学习的乐趣，对未来充满了信心。

1. 请学生在小组内讲一讲，自己平常是否有自我反思的习惯，自我反思都会安排在什么时间。
2. 请学生说一说是否尝试过不同的学习方法或策略，互相分享一下。
3. 学习日记分享会：如果有学生有写学习日记的习惯，请他们上台分享自己的日记心得。

评析

高中生小南通过实践与反思，成功地提升了自身的元认知能力，从而提升了学习效率，增强了学习乐趣，并在学业上取得了显著进步。

培养元认知能力的方法：

★**系统性地反思与总结：**通过撰写学习日志，每日回顾学习过程，识别成效与不足，有针对性地调整学习策略。

★**采取多样化学习策略：**尝试并采用多种学习方法，如思维导图、SQ3R 阅读法，针对不同学科灵活应用。

★**定期自我反馈：**设立固定时间（如每周）评估学习成效，明确进步与待改进之处。

★**勇于提问：**在学习中主动提出疑问，通过向老师请教或与同学讨论深化理解。

活动设计：学习日记分享会

活动目标：

★了解元认知的重要性及其在学习过程中的应用。

★掌握如何撰写有益于提升元认知能力的学习日记，学习自我反思与自我调整的技巧。

★激发对学习的热情，培养自我驱动力和积极向上的情感态度。

活动流程：

★预热引入

教师简述小南的故事，强调元认知能力在学习中的作用，引起学生兴趣。

★示范分享

邀请有写学习日记习惯的同学上台分享，展示几篇典型日记，解释当时的学习情境、反思内容、采取的措施以及最终成果。

★互动讨论

其他学生分组讨论，针对分享内容提出问题，探讨如何将分享者的经验和方法应用于自己的学习中。

★实践指导

教师或分享者引导学生制订一周的学习日记写作计划，包括日记格式建议、反思要点提示等。

★承诺与反馈

每位学生设定个人目标，承诺坚持写一周学习日记，下节课分享心得体会及成效。

★总结激励

教师总结活动，强调持之以恒的重要性，鼓励学生持续培养元认知能力，享受学习和成长的过程。

课程总结：

本课程通过小南的案例，阐述了如何通过实践性方法培养元认知能力，提升学习效率和学习乐趣。通过学习日记分享活动，不仅让学生直观感受到元认知在学习过程中的实际应用，而且提供了可操作性强的自我提升方法。

扩展习题

1. 在学习过程中，以下哪项行为最有助于培养元认知能力？（　　）
   A. 只学习课本上的知识，不拓展其他资料
   B. 经常反思自己的学习方法和效果
   C. 完成作业后就不再回顾和思考
   D. 只关注学习进度，不关注学习质量
2. 写学习日志时，以下哪种做法是错误的？（　　）
   A. 记录每天的学习任务和完成情况
   B. 总结学习中的困难和解决方法
   C. 只记录学习的知识点，不反思学习过程
   D. 根据学习日志调整学习计划
3. 以下哪种学习策略可以帮助我们更好地理解和记忆复杂的概念？（　　）
   A. 死记硬背，反复背诵
   B. 只使用一种学习方法进行学习
   C. 不关心学习方法，只关注学习结果
   D. 结合多种学习策略，如思维导图和记忆宫殿

4. 学习多种学习策略的好处不包括以下哪一项？（　　）

A. 更好地应对不同的学习任务

B. 提高学习效率和成绩

C. 增加学习负担

D. 发现适合自己的学习方法

5. 自我反馈和提问在培养元认知能力中的作用是什么？（　　）

A. 帮助学生更好地了解自己的学习情况

B. 增加学生的学习压力

C. 减少学生的学习时间

D. 对学生的学习成绩没有影响

答案：B　C　D　C　A

第四章　优化学习方法

4.1 专注力训练（小学生适用）

专注力就像是我们大脑的一盏明灯，当我们集中注意力时，这盏明灯就会照亮我们学习的道路，帮助我们更好地理解和掌握新知识。

想象一下，当我们在课堂上专心听讲，眼睛紧紧盯着黑板，耳朵仔细聆听老师的讲解，完全沉浸在学习的世界里时，那种感觉是多么美妙啊！我们的思维会变得更加敏捷，记忆力也会变得更强。

今天，就让我们一起了解专注力，一起提升自己的专注力吧。

专注力是每个人心中的一盏明灯，它照亮了我们通向知识的道路。许多伟大的名人也曾用他们的智慧和经验，强调了专注力的重要性。以下是一些有关专注力的名人名言，请大家认真阅读后与同桌说说从中得到了哪些启发。

1. “我们应该力求把我们所有的时间用去做最有益的事情。”——斯宾塞

2. “加紧学习，抓住中心，宁精勿杂，宁专勿多。”——周恩来

3. “聪明人会把凡是分散精力的要求置之度外，只专心致志地去学一门，学一门就要把它学好。”——歌德

4. “人的思想是了不起的，只要专注于某一项事业，就一定会做出使自己感到吃惊的成绩。”——马克·吐温

5. “世界上没有奇迹，只有专注和聚焦的力量。”——牛根生

6. “登高必自卑，自视太高不能达到成功，因而成功者必须培养泰然心态，凡事专注，这才是成功的要点。”——爱迪生

7. “学会‘专注’，要静得下心、沉得住气，坐得了冷板凳，努力从人类社会一切文明成果中汲取营养和力量。”——周其凤

互动交流1 在家庭中培养专注力

小酷是个聪明的小男孩，但他总是容易分心，写作业时总是这里摸摸、那里看看，怎么也静不下来。这让妈妈很烦恼，她听说专注力对于学习非常重要，于是决定帮助小酷提高专注力。

妈妈决定先从家庭环境开始改变。她整理了家里的杂物，把玩具、书本归类放好，让家里变得整洁有序。妈妈告诉小酷："一个整洁的环境可以给我们带来有序感，这样我们做事情就会更有条理。"小酷看着整洁的家，觉得心里也舒服多了。

接下来，妈妈在家里创造了一个安静的学习区。她在这个区域里放了一张小书桌和一把小椅子，还在墙上贴上了小酷喜欢的卡通图案，让他愿意在这里学习。妈妈告诉小酷："一个安静的环境可以帮助我们集中注意力，就像你在图书馆里看书时更容易专心一样。"小酷点点头，他觉得在这个小角落里学习真的很有感觉。

妈妈还鼓励小酷利用自己的兴趣来培养专注力。小酷喜欢画画，于是妈妈给他买了很多绘画用品,让他在学习之余可以画画。小酷发现,当他专心画画时,时间过得飞快，而且他也很享受这个过程。妈妈告诉他："这就是专注力带来的乐趣，当你全身心地投入到一件事情中时，你会发现时间过得特别快，而且你也会很有成就感。"

为了进一步提高小酷的专注力，妈妈还和他一起玩了一个专注力训练游戏。她给小酷一个闹钟，设定好时间，让他在规定的时间内完成一些任务，比如拼图、阅读或者做数学题。妈妈告诉小酷："设定明确的目标和时间限制可以帮助我们更好地集中注意力。当你知道自己有多少时间完成任务时，你就会更加珍惜每一分钟。"

小酷和妈妈一起玩了这个游戏，他觉得非常有趣。他发现自己在玩游戏的时候，能够更加专心，不再像以前那样容易分心了。妈妈也很高兴，她发现小酷的专注力有了明显的提高。

通过妈妈的帮助和自己的努力，小酷逐渐养成了良好的专注力习惯。他的学习成绩也慢慢提高了，而且他还发现，专注力不仅对学习有帮助，还能让他在做其他事情时更加出色。小酷明白了，专注力就像一把钥匙，能够打开通往成功的大门。他决定继续保持这种好习惯，努力成为一个更加优秀的人。

1. 请学生以小组为单位，说一说自己的家庭学习环境如何，会不会受到干扰。
2. 请学生列出他们最感兴趣的三个活动，并讨论如何通过这些活动来锻炼和提高自己的专注力。
3. 请学生回家后与家长一同完成一个能够训练专注力的游戏，如"拼图比赛""找不同比赛"等。

评析

小酷的故事展示了家庭环境和适当方法如何有效帮助孩子提升专注力。妈妈通过整理家庭环境、设立专门的学习空间、利用兴趣培养专注力、玩专注力训练游戏等策略，成功激发了小酷的内在动力，让他学会了如何集中注意力并享受其中的乐趣，最终不仅提升了学习效率，还促进了个人全面发展。

如何在家庭中培养专注力？

★**创造有序环境：**整理家中环境，减少视觉和物理上的干扰，使孩子能在一个整洁有序的空间中学习和玩耍。

★**设立专门学习区：**为孩子设置一个安静、舒适的学习角落，增强其学习的仪式感和专注度。

★**结合兴趣培养：**利用孩子的兴趣爱好，如画画、音乐等，作为提高专注力的途径，让孩子在享受中锻炼专注力。

★**设定目标和时间限制：**通过设定任务和时间限制，教会孩子有效管理时间，增强专注力。

活动设计：我的专注力训练营

活动目标：

★认识并运用提高专注力的方法，学会自我管理与时间规划。

★增强自信心，培养积极的学习态度，体验成就感和乐趣。

活动流程：

★兴趣调研

请学生列出自己最感兴趣的三个活动，例如阅读、绘画、编程、体育运动等。

★小组讨论

分组，每组分享并讨论各自列出的活动，探讨这些活动如何帮助提升专注力。

★教师指导

教师引导学生思考：这些活动需要哪些特定的专注技巧？如何克服分心？如何在活动中设置小目标？

★制订计划

每个学生根据讨论结果，为自己感兴趣的活动设计一周的专注力训练计划，包括每天的活动时间、目标设定、专注技巧的应用等。

★执行与反馈

学生按计划执行一周，每日记录完成情况和感受，包括遇到的困难、采取的方法、专注力提升的感受等。

★成果展示与反思

一周后，举行班级分享会，学生展示自己的训练成果，分享经验、感受和收获，教师和同学给予正面反馈和建议。

课程总结：

通过这次“我的专注力训练营”活动，学生不仅发现了许多有趣且有效的专注力提升方法，更重要的是，学会了如何结合自己的兴趣和实际情况，主动去培养和提升这项关键能力。专注力就像肌肉一样，通过持续的练习和恰当的方法，它会变得越来越强大。

扩展习题

1. 在家里学习时，以下哪个做法可以帮助我们提高专注力？（　　）

A. 边看电视边做作业　　B. 在床上做作业

C. 在嘈杂的房间里做作业　　D. 在整洁的书桌前做作业

2. 为了提高专注力，应该如何设置学习目标和时间限制？（　　）

A. 不设定任何目标和时间

B. 设定模糊的目标和时间

C. 设定明确的目标和时间，比如：我要在半小时内完成这项作业

D. 同一段时间内设定很多个目标

3. 关于利用自己的兴趣培养专注力，以下哪个做法是正确的？（　　）

A. 尝试将学习内容和自己的兴趣结合起来

B. 忽视自己的兴趣，只机械完成老师布置的作业

C. 只做自己喜欢的事情，不学习其他知识

D. 完全不关心自己的兴趣

4. 当发现自己的学习环境很乱时，应该怎么做？（　　）

A. 继续在这样的环境里学习

B. 花时间整理学习环境，让它变得整洁

C. 放弃学习

D. 立刻开始学习，不管环境如何

5. 小明在家做作业时总是分心，他应该怎么做来提高自己的专注力？（　　）

A. 延长做作业的时间

B. 把最喜欢的玩具放在书桌上

C. 一边吃东西一边做作业

D. 设定一个时间限制，比如 10 分钟做完一道题

答案：**D C A B D**

互动交流 2 在学校生活中提高专注力

在一个阳光明媚的早晨，芳芳带着对知识的渴望走进了学校。她一直是个聪明伶俐的女孩，但最近她发现自己在课堂上的专注力有所下降，总是容易分心。芳芳知道，如果不解决这个问题，她的学习成绩可能会受到影响。于是，她决定改变这一状况。

芳芳首先学会了使用视觉辅助工具。她发现，在课堂上使用彩色笔和高亮笔能帮助她更好地记住重点。她还尝试制作了一些简单明了的学习卡片，把重要的知识点写在上面，方便随时复习。这些小小的改变让她的学习变得更加有趣和高效。

除了使用视觉辅助工具，芳芳还积极参与课堂互动交流。她鼓起勇气，在课堂上主动举手发言，和同学们分享自己的想法。通过与同学们的交流，她不仅锻炼了自己的表达能力，还加深了对知识的理解。她发现，当自己积极参与课堂时，专注力也会自然而然地提高。

此外，芳芳还尝试使用合适的学习方法。她发现，不同的科目需要不同的学习方法。对于数学，她更喜欢通过做题来巩固知识；而对于语文，她则更喜欢通过阅读来培养语感。通过不断调整自己的学习方法，芳芳的学习效率得到了显著的提升。

当然，芳芳也明白定时休息和放松的重要性。在紧张的学习之余，她会利用课间休息时间和同学们一起玩游戏、聊天放松。她还会在每天的学习结束后，给自己留出一段时间来阅读喜欢的书籍或者做手工，让大脑得到充分的休息。

经过一段时间的努力，芳芳的专注力得到了明显的提升。她发现，自己在课堂上更加专注，能够更好地理解和记忆老师讲解的知识。她的学习成绩也因此有了显著的提高。

1. 请学生说一说，使用什么样的学习方法最有助于提高专注力，是大声朗读、小组讨论、动手实践还是其他方法。
2. 在课堂的某个时间点，引导学生进行短暂的放松和休息活动，如深呼吸、闭眼休息或进行简单的伸展运动，以帮助他们恢复精力和注意力，感受适当休息对于专注力的好处。
3. 请学生们动手制作一个简单的视觉辅助工具，比如一个关于某个知识点的图表或笔记，并鼓励他们在课堂上使用它来解释或记忆知识。

评析

芳芳面对课堂专注力下降的挑战，采取了一系列积极措施，包括使用视觉辅助工具、参与课堂互动、灵活运用学习方法、重视休息与放松，最终成功提升了自己的专注力和学习成绩，展现了自我驱动力和学习策略的重要性。

如何在学校生活中提高专注力？

★**使用视觉辅助工具：**利用彩色笔、高亮笔和学习卡片等工具，使学习内容更加鲜明突出，提高记忆效率。

★**进行课堂互动：**主动参与讨论和提问，通过交流促进理解，同时增加课堂参与感，自然提升专注力。

★**采用个性化学习方法：**针对不同学科采用合适的学习方式，如数学侧重解题、语文侧重阅读，以提高学习效率。

★**定时休息：**合理安排休息时间，保证大脑的活力和学习的新鲜感，避免长时间学习导致的疲劳和分心。

活动设计：我的专注力提升秘籍

活动目标：

★让学生认识到不同学习方法对提高专注力的作用，学会选择最适合自己的学习策略。

★激发学生对学习的兴趣，增强自我效能感，培养积极向上的学习态度。

活动流程：

★引入话题

教师简要回顾芳芳的故事，引出专注力对学习的重要性，激发学生思考自身在学习时的专注力状况。

★方法介绍

教师介绍以下提升专注力的方法。

大声朗读：增强语言感知，提高记忆力。

小组讨论：通过互动促进思考，加深理解。

动手实践：通过实际操作将理论与实践结合，加深印象。

自我测试：定期检验学习成果，强化记忆。

时间管理：利用番茄工作法等工具，高效分配学习时间。

★小组讨论

将学生分成若干小组，每组 4~5 人。每组讨论并分享最有助于提高自己专注力的学习方法，以及为什么这种方法对他们有效。

各组推选代表，汇报小组讨论结果，教师记录并汇总各种方法。

★模拟演练

选取几种典型方法，请学生演示如何运用这些方法提高专注力。

★个人行动计划

每位学生根据讨论和观察，制订个人专属的“专注力提升计划”，选择一种或几种方法在接下来的一周内实践，并设定具体目标。

★反馈与分享

一周后，教师组织一次反馈会议，学生分享实施计划的经验、成效和遇到的挑战，师生共同讨论改进方案。

课程总结：

通过今天的活动，学生不仅了解了多种提升专注力的有效方法，更重要的是，每个人都找到了适合自己的学习策略。每个人都是独一无二的，找到最适合自己的方法，就是打开专注之门的钥匙。

扩展习题

1. 为什么在课堂上积极参与互动交流很重要？（　　）
   A. 可以让老师更喜欢自己　　B. 可以提高专注力和理解力
   C. 会让其他同学感到不舒服　　D. 会耽误课堂时间
2. 学习时，定时休息和放松的好处是（　　）。
   A. 浪费时间　　B. 降低专注力
   C. 恢复精力，以便保证专注力　　D. 让人更累
3. 为什么使用合适的学习方法很重要？（　　）
   A. 因为可以得到老师夸奖
   B. 因为可以显得自己很聪明
   C. 因为可以提高学习速度，保证注意力有效集中
   D. 因为要与其他同学攀比
4. 在听讲时，以下哪种行为可以让自己的注意力集中在老师的讲解上？（　　）
   A. 认真看黑板和老师　　B. 和同学聊天
   C. 玩手中的玩具　　D. 趴在桌子上睡觉

5. 在课堂上，老师在课件中使用颜色差别大或特殊的字体进行授课的主要目的是（　　）。

A. 吸引学生的注意，提升学生专注力

B. 让老师更容易讲解

C. 让课件更好看

D. 让学生分心

答案：B　C　C　A　A

互动交流3　训练专注力的意义

在一个阳光明媚的下午，小学三年级的教室里，李老师正在和她的学生们进行一场关于专注力的特别对话。

李老师微笑着说："同学们，你们知道吗？专注力就像是我们大脑的一盏明灯，它能帮助我们更好地学习、记忆和理解新知识。"

小明好奇地问："李老师，为什么专注力这么重要呢？"

李老师耐心地解释说："小明，你想象一下，当你全神贯注地听课时，你的大脑就像是一台高速运转的计算机，能够迅速捕捉和处理老师讲解的信息。而当你分心时，就像是计算机突然断电，之前所有的努力都白费了。专注力不仅能帮助我们提高学习质量，还能让我们更加高效地学习。"

小红补充道："而且，我听说保持专注力还能增强记忆力呢！当我们专心致志地学习时，我们的大脑会更容易记住重要的知识点。"

李老师点了点头："是的，小红说得很对。专注力确实能够帮助我们更好地记忆知识。当我们集中注意力时，能够加深大脑对知识的记忆。"

小刚疑惑地问："李老师，那怎么样才能提高专注力呢？"

李老师笑着回答："提高专注力并不难，关键在于我们要学会控制自己。首先，我们可以尝试在课堂上保持坐姿端正，目视前方，这样有助于我们集中注意力。其次，我们可以尝试制订一个学习计划，明确每天的学习任务和时间安排，这样能够更好地引导我们的注意力。最后，我们还要学会抵制外界的干扰，比如关闭手机、电视等可能分散注意力的东西。"

小华兴奋地说："我明白了，李老师！只要我们努力训练自己的专注力，就能够更好地应对学习上的挑战，取得更好的成绩！"

李老师鼓励道："小华说得非常对！专注力是我们学习的重要武器，只要我们用心培养它，就一定能够在学习上取得更大的进步！记住，专注力不仅是一种能力，更是一种态度。让我们一起努力，用专注力点亮我们的学习之路吧！"

教室里响起了热烈的掌声，孩子们都深深地被李老师的话所打动。他们明白了专注力的重要性，也决心在今后的学习中更加努力地培养自己的专注力，迎接学习上的挑战。

1. 角色扮演：请学生们扮演老师和学生的角色，模拟专注和不专注的学生在学习时的不同表现，然后讨论两者的差异。
2. 将学生分为两组，一组学生专注地记忆一串数字或一组单词，另一组在与其他同学的交谈中记忆一串数字或一组单词，然后测试他们的记忆效果，来验证专注力对于记忆力的影响。
3. 请学生们想象一些可能分散他们注意力的因素（比如嘈杂的环境、诱人的零食等），并讨论如何在这些情况下保持专注。

评 析

李老师向学生们生动地阐述了专注力的重要性，通过比喻和实例，让学生们理解了专注力如同学习的明灯，能帮助提高学习效率、增强记忆力。小明、小红和小刚等学生通过提问和讨论，深入了解了专注力的作用以及提升专注力的方法。李老师的讲解激发了学生们提升专注力的决心，他们认识到，通过培养专注力，可以更好地应对学习挑战，实现学业进步。

训练专注力的意义：

训练专注力不仅能够帮助学生在学习时更加高效地吸收知识，提升学习质量，还能增强记忆力，使其更牢固地掌握学习内容。更重要的是，这是一种学习态度的体现，能够培养学生的自制力、耐心和持之以恒的精神，对个人的全面发展有着深远的影响。

活动设计：角色扮演“专注与不专注的对比”

活动目标：

★理解专注与不专注在学习中的具体表现及结果差异。

★通过角色扮演，学习如何在学习中应用专注力提升技巧。

★增强对专注力重要性的认识，激发自我提升的内在动力。

活动步骤：

★角色分配

将班级分成两组，每组选出一名“老师”和一名“学生”，一组表演专注学习的场景，另一组表演不专注的场景。

★准备与排练

每组在10分钟内准备剧本，讨论并决定各自的表演细节，包括动作、表情和对话，以真实反映专注与不专注的差异。

★角色扮演

专注的学习场景：学生坐姿端正，目光聚焦，认真听讲，笔记详细。老师提问时，能迅速回答，显示出对知识的掌握。

不专注的学习场景：学生东张西望，频繁摆弄文具，对老师的讲解反应迟钝，笔记零散。老师提问时，显得茫然或无法回答。

★观察与讨论

全班同学观看表演后，分小组讨论两组表演中的不同表现，以及这些表现如何影响学习效果。

★总结分享

每组选代表分享观察结果，讨论专注学习的好处和不专注的后果，以及如何在实际学习中提升专注力。

课程总结：

通过角色扮演活动，学生直观地感受到了专注与不专注在学习中的巨大差异。专注不仅能让学习事半功倍，还能培养良好的学习习惯和态度。不专注则可能导致知识掌握不牢、学习效率低下。希望学生能够从今天的角色扮演中吸取经验，认识到培养专注力的重要性，并在日常学习中运用讨论的技巧，比如保持良好的坐姿、合理安排学习时间、减少干扰等。

扩展习题

1. 当你专心听讲时，你的大脑（　　）。

A. 会更高效地处理信息，让记忆更顺畅

B. 不容易记住知识

C. 会想起其他事

D. 会被外界轻易干扰

2. 提高专注力可以让我们（　　）。

A. 学习更困难　　B. 学习更轻松

C. 无法应对挑战　　D. 无法取得好成绩

3. 以下哪个选项可以帮助我们提高专注力？（　　）

A. 总是看电视　　B. 常常玩电子游戏

C. 在学习时和朋友聊天　　D. 制订学习计划并坚持执行

4. 当你读书时，怎样才能更好地记住书中的内容？（　　）

A. 快速翻阅书页　　B. 边读边玩

C. 专注地阅读并思考　　D. 大声读出来但不去理解

5. 哪一项不是专注力带来的好处？（　　）

A. 提高学习成绩　　B. 增强自我控制能力

C. 更容易感到疲倦　　D. 更好地理解和记忆新知识

答案：A　B　D　C　C

4.2 康奈尔笔记的魅力（初中生适用）

康奈尔笔记法，不仅是一种简单的记录方法，更是一种高效的学习工具。它能帮助我们更好地整理课堂内容，加深对知识的理解，提高学习效率。想象一下，如果你能在每次课后，都有一份清晰、有条理的笔记，那么复习时是不是会更加得心应手？今天，我们将一起了解什么是康奈尔笔记、如何运用康奈尔笔记法，让它成为我们学习路上的得力助手。

在学习的道路上，许多杰出的人物都留下了他们宝贵的智慧与经验。他们的话语如同明灯，照亮我们前行的道路，激励我们不断探索、不断进步。以下是一些有关学习的名人名言，请同学们认真品读，从这些名人名言中汲取智慧，勇敢追求知识，努力成为更好的自己。

1. "活着就要学习，学习不是为了活着。"——培根

2. "学习从来无捷径，循序渐进登高峰。"——高永祚

3. "学习是终身的职业。在学习的道路上，谁想停下来就要落伍。"——钱伟长

4. "学必求其心得，业必贵其专精。"——章学诚

5. "要想学生好学，必须先生好学。惟有学而不厌的先生才能教出学而不厌的学生。"——陶行知

6. "三更灯火五更鸡，正是男儿读书时。黑发不知勤学早，白首方悔读书迟。"——颜真卿

7. "为学之道，莫先于穷理；穷理之要，必在于读书。"——朱熹

8. "学知不足，业精于勤。"——韩愈

9. "学如富贵在博收，仰取俯拾无遗等。"——苏轼

互动交流 1 康奈尔笔记法的步骤

初中生小雅是一个勤奋好学的学生，但她总是觉得自己的笔记记得很乱，复习时很难找到重点。一天，她听说了康奈尔笔记法，决定尝试一下这种方法来改进自己的学习方式。

小雅为历史课准备了一个单独的笔记本，将每一页都分为左小右大的两个部分，左边为副栏，右边为主栏。

历史课上，老师开始讲解中国古代的历史。小雅全神贯注地听讲，同时用简洁的语言将重要的论据和概念记录在主栏里。每当老师提到一个关键词，她就在副栏里做个小标记，方便以后快速定位。

下课铃声响起，小雅没有急于和同学们出去玩。她拿出笔记本，开始回顾刚才记录的内容，并尝试用更简明的语言将这些论据和概念概括在副栏里。她发现，这个过程虽然需要一些思考，但让她对课堂内容的理解更加深入。

接下来的几天，小雅每天都会留出一些时间，遮住主栏的内容，只用副栏里的摘记来提示自己，尝试复述课堂上老师讲解的内容。她发现，通过这种方式，她不仅能够回忆起课堂内容，还能更好地理解其中的逻辑关系。

除了记录和背诵，小雅还养成了在听课过程中随时记录自己感想和意见的习惯。她把这些内容写在每一页的下方，作为单独的一栏，并加上标题和索引，方便以后查阅。这些思考和体会，让她对历史有了更深的理解和兴趣。

每周，小雅都会抽出半小时左右的时间，快速复习她的康奈尔笔记。她先看副栏的摘记，然后再适当回顾一下主栏的内容。然后在下方的总结栏中，写出自己对知识点的理解和概括。通过这种方式，她发现自己对历史知识的掌握越来越牢固。

后来，小雅在历史考试中取得了优异的成绩。她明白，这不仅仅是因为她努力记忆了知识点，更重要的是，她学会了如何有效地学习和思考。康奈尔笔记法不仅帮助她整理了知识，更让她学会了如何主动地参与学习过程、理解和应用知识。

1. 教师提供一段材料，学生在康奈尔笔记中的课堂记录部分（主栏）记录该段材料的要点。记录完成后，同桌两人互相查阅，指出对方笔记的优缺点。
2. 教师针对所提供材料的知识点进行提问，学生根据笔记中的内容来抢答，以此来深入掌握康奈尔笔记法。

评析

初中生小雅面对学习笔记混乱的问题，采用了康奈尔笔记法来优化学习方法。通过将笔记页面分为三个部分——主栏、副栏和总结栏，她在学习历史课程时，更加有条理地记录和复习知识，有效提高了学习效率和成绩。康奈尔笔记法不仅帮助她系统化地整理信息，还促进了深度思考和自我反思，使学习成为一个主动参与和知识内化的过程。

康奈尔笔记法的步骤：

★**记录（Record）：**在主栏（较大的右侧区域）记录课程或阅读的主要内容，使用短句、关键词和图表形式，保持笔记的精炼性。

★**简化（Reduce）：**课后，利用副栏（左侧较小区域）总结和简化主栏内容，提炼出关键点、概念或问题，便于日后复习。

★**背诵（Recite）：**遮住主栏，仅凭副栏的摘要进行内容回忆，加深记忆和理解。

★**思考（Reflect）：**在页面底部的总结栏中，写下对所学内容的理解、总结或问题，促进批判性思维。

★**复习（Review）：**定期回顾笔记，巩固记忆，查漏补缺。

活动设计：应用康奈尔笔记法

活动目标：

★让学生掌握康奈尔笔记法的技巧，提高笔记效率和质量。

★培养学生的提炼总结、自我检查与反馈能力。

★激发学生对学习的兴趣，增强自信心和同伴互助精神。

活动流程：

★介绍与示范

教师简要介绍康奈尔笔记法的原理和步骤，并以一段示例材料演示如何在主栏记录要点。

★实践操作

教师分发一段新的学习材料给学生，让他们按照康奈尔笔记法的记录步骤，在主栏记录要点，限时10分钟。

★同桌互查

学生完成笔记后，与同桌交换笔记本。同桌需仔细阅读对方的主栏记录，标出对方笔记中的亮点（如关键词抓取准确、条理清晰等），同时也要指出可以改进的地方（如信息过于琐碎、遗漏要点等）。交流讨论，分享各自的看法和建议，互相学习。

★集体反馈

选取几组学生分享他们的笔记及互评结果，教师引导全班讨论哪些做法特别有效，哪些地方普遍需要改进。

★个人反思

学生根据同学和教师的反馈，对自己的笔记进行修改完善，并在副栏和总结栏继续完成后续步骤。

课程总结：

通过这次实践活动，学生们不仅学会了应用康奈尔笔记法，更重要的是通过实际应用和同伴间的相互评价，深刻理解了这种方法的价值。活动促进了学生之间的交流与合作，帮助每位学生个性化地完善了学习策略，同时也培养了自我反思和持续改进的学习态度。

扩展习题

1. 关于康奈尔笔记法中的“简化”步骤，下列描述正确的是（　　）。

   A. 将主栏的内容完全复制到副栏

   B. 将主栏的内容用简短的词语或句子概括在副栏

   C. 将自己的总结和思考记录在主栏中

   D. 只记录与主栏内容相反的信息

2. 背诵阶段在康奈尔笔记法中的作用是什么？（　　）

   A. 增强对课堂内容的记忆和理解　　B. 快速浏览笔记内容

   C. 重新整理笔记的顺序　　D. 检查记录的准确性

3. 复习阶段在康奈尔笔记法中的重要性体现在哪里？（　　）

   A. 复习可以帮助学生更好地玩游戏

   B. 复习有助于巩固记忆，加深对知识的理解

   C. 复习只是为了准备考试

   D. 复习是为了应对老师的检查

4. 在康奈尔笔记法中，思考阶段应该怎么做？（　　）

   A. 将所有想法和疑问都记录在副栏

   B. 将与课堂内容无关的想法记录下来

   C. 将自己的感想、意见和经验体会与讲课内容区分开，单独记录

   D. 只记录老师讲解的内容

5. 在康奈尔笔记法中，记录阶段要怎么做？（　　）

   A. 尽可能地写下老师说的每一句话

   B. 随意记录课堂内容，不做区分

   C. 只记录自己觉得好玩的内容

D. 将课堂上老师讲解的重点和有意义的内容记录在主栏

答案：B A B C D

互动交流 2 康奈尔笔记的区域划分

王利是一个聪明好学的初中生，但他发现自己的笔记总是杂乱无章，难以快速找到关键信息。为此，他感到很苦恼。后来，老师告诉了王利一个名叫康奈尔笔记法的方法，这种方法可以帮助他更好地整理笔记，提高学习效率。他决定尝试一下这个方法。

王利准备了一本新的笔记本，首先在最上方写上课程名称、记录时间等基本信息。然后按照康奈尔笔记法的规则，他将一页纸分成了三个部分。右上最大的空间，他用来记录课堂内容，就像他以前一样，按照自己的习惯，详细地写下老师的讲解要点。

在笔记本的左侧，王利留出了一条竖直的空间，这就是摘要提示区。一开始，王利并不知道这个区域有什么用，他疑惑地看着这块空白的区域。但是，他记住了老师的话，没有在课堂上填写这个区域。

上完课后，王利立刻回顾了今天的学习内容，然后他拿起笔，在左侧的摘要提示区里写下了这堂课的提纲和关键词。这个过程让他仿佛重新上了一遍课，他发现自己对课堂内容的理解更加深刻了。

在下方五分之一的区域，王利留出了一个横条，这是用来做总结的。他暂时没有填写这个区域，打算在复习时再用。两天后，王利在复习这堂课的内容时，在总结栏填写了这节课的知识要点和自己的总结理解。

随着时间的推移，王利渐渐习惯了使用康奈尔笔记法。他发现，每次复习时，只要看看左侧的线索栏，就能迅速回忆起整堂课的主要内容。而下方的总结区域，则帮助他快速回顾和巩固了整页笔记的精华。

有一天，王利的好朋友周华看到了他的笔记，惊讶地说："哇，你的笔记好整齐啊！我怎么才能做到像你这样呢？"

王利笑着向周华介绍了康奈尔笔记法，并鼓励他也尝试一下。周华听了后，觉得这个方法很有用，他决定从下一节课开始，也采用康奈尔笔记法来整理自己的笔记。

渐渐地，王利和周华的成绩都有了明显的提高。他们发现，通过康奈尔笔记法整理的笔记不仅易于复习，还能促进思考，加深对知识的理解。在学期末的考试中，王利和周华都取得了优异的成绩。他们感谢康奈尔笔记法，让他们的学习变得更加高效和愉快。

1. 教师向学生提问：如果在记笔记时没有足够的空间来写下所有的信息，应该怎么办？学生可以提出自己的解决方案，教师引导学生思考如何有效地使用空间，并强调简化和提炼信息的重要性。

2. 教师向学生提问：康奈尔笔记最下方的横条区域是用来做什么的？学生回答后，教师可以邀请学生分享他们是如何用这个区域来做总结的。

评析

王利在学习过程中遇到了笔记杂乱导致复习效率低下的困扰，后经老师推荐采用了康奈尔笔记法，大大改善了笔记结构与复习效果。这一方法不仅帮助他自己提高了学习效率，也影响了他的好朋友周华，二人成绩显著提升，体验到了学习的乐趣和成就感。

康奈尔笔记法的区域划分：

★**笔记区（主栏）：**页面右侧较大区域，用于直接记录课堂或阅读的主要内容。

★**摘要提示区（副栏）：**页面左侧狭窄垂直区域，用于记录关键词、提纲和提示信息，帮助记忆与回顾。

★**总结区：**页面最下方横条区域，用于课后总结，归纳本页笔记的核心要点和自己的理解。

活动设计：探索康奈尔笔记的总结区域

活动目标：

★深化学生对康奈尔笔记中“总结区”功能的认识。

★培养学生提取关键信息、自我总结的能力。

★激发学生对于创新学习方法的兴趣，增强团队合作与分享意识。

活动流程：

★引入话题

教师在课堂上展示一张已应用康奈尔笔记法的笔记示例，提问：“大家注意到了吗？页面最下方有一块特殊的区域，它是用来做什么的？”引导学生聚焦总结区。

★小组讨论

将学生分成小组，每组5分钟讨论时间，分享各自对于总结区用途的理解与之前使用该区域的经验（如果有）。随后小组选出代表准备发言。

★分享交流

每个小组代表轮流上台，简要介绍小组讨论的结果，分享利用总结区进行总结的心得。教师鼓励积极的反馈与补充。

★示范与练习

教师选取一段简短的课堂内容，现场演示如何在康奈尔笔记的总结区进行总结，强调概括和个人理解的重要性。学生随后自行选择最近一堂课的笔记，尝试在总结区写下对该课内容的总结和理解，限时10分钟完成。

★同伴互评

学生与邻座交换笔记，针对总结区的内容给出具体反馈，包括亮点分析以及改进建议。

★总结反馈

教师邀请几位同学分享互评中的收获，以及他们对于如何更有效地利用总结区的新想法。教师总结本次活动的要点，鼓励学生在日常学习中持续实践康奈尔笔记法。

课程总结：

通过本次互动环节，学生不仅深刻理解了康奈尔笔记中总结区的作用，还通过实践、分享与反馈的循环过程，掌握了有效地在笔记中进行总结的技能。

扩展习题

1. 在康奈尔笔记法中，用于课后总结的区域是（　　）。

A. 左侧摘要提示区域　　B. 右侧笔记区域

C. 最下方总结区域　　D. 笔记的任何位置

2. 康奈尔笔记中的左侧摘要提示区域主要用于（　　）。

A. 记录详细的课堂内容　　B. 提炼关键词和主要概念

C. 写下自己的感受和想法　　D. 补充与课堂无关的内容

3. 在康奈尔笔记法中，主要的笔记记录区域是（　　）。

A. 右侧笔记区域　　B. 左侧摘要提示区域

C. 最下方总结区域　　D. 笔记的背面

4. 使用康奈尔笔记法时，以下哪个做法是不正确的？（　　）

A. 在左侧摘要提示区域写下课堂内容的关键词

B. 在右侧笔记区域详细记录课堂内容

C. 在最下方总结区域再次详细记录课堂内容

D. 在笔记纸的顶部写下日期和课程名称

5. 康奈尔笔记法又称（　　）。

A. 自然笔记法　　B. 5R 笔记法

C. 符号笔记法　　D. 思维导图法

答案：C　B　A　C　B

互动交流3 使用康奈尔笔记法的注意事项

周末的午后，阳光洒落在书房里，为宁静的空间增添了几分温暖。李婷，一个初中一年级的女孩，正在书桌前整理着数学笔记。她的父亲李明，一位资深的教师，走进房间，看到女儿正在用心地整理笔记，脸上露出了满意的微笑。

李明走到李婷身边，轻轻地问道："婷婷，你的笔记看起来整理得井井有条，是不是用了什么新方法？"

李婷抬起头，兴奋地说："是的，爸爸！我最近学习了康奈尔笔记法，觉得非常实用。你看，我把笔记分成了三个区域，这样既能记录重点，又能方便回顾。"

李明点了点头，赞许地说："很好，康奈尔笔记法确实是个不错的方法。不过，在使用的时候，你需要注意几点。"

李婷立刻聚精会神地听着父亲的指导。

李明继续说道："首先，确保你准确地使用笔记分区。摘要提示区用来记录关键词或问题，这样以后复习时可以快速定位到关键内容。笔记区则用来记录详细的课堂内容，帮助你深入理解知识点。而总结区则用来自我总结。"

李婷认真地点了点头，说："我明白了，爸爸。我会注意准确使用每个区域的。"

李明接着说道："其次，要避免混淆不同区域的内容。每个区域都有其特定的作用，混淆了会导致笔记混乱不堪，影响复习效果。"

李婷深吸了一口气，坚定地说："我会牢记这一点，不会让内容混淆的。"

李明又强调了保持笔记干净整洁的重要性："干净整洁的笔记不仅令人赏心悦目，还能提高复习效率。记得保证字迹清晰，定期整理笔记，保持页面的整洁。"

李婷点了点头，表示会注意这一点。

李明继续说道："另外，不同学科使用不同的笔记本也很重要。这样可以帮助你更好地组织和管理知识，避免混淆。"

李婷补充道："是的，爸爸。我已经为每个学科准备了不同的笔记本，这样会更方便我进行复习。"

最后，李明提醒道："别忘了课后及时补充和回顾笔记。及时回顾可以帮助你巩固记忆，补充遗漏的内容则能让你的笔记更加完善。"

李婷感激地看着父亲，说："谢谢你，爸爸。你的建议对我非常有帮助。我会努力做好笔记，提高学习效率的。"

1. 请学生之间互相讨论，讲一讲在使用时有没有遇到过混淆不同区域内容的情况，应该如何避免。
2. 将学生分成小组，用康奈尔笔记法为一个新的主题（比如历史事件）制作笔记分区。看看哪个小组做得最准确、最清晰。

评析

初中生李婷在父亲李明（一位资深教师）的指导下，学习并实践康奈尔笔记法。李明不仅肯定了李婷的努力，还细心传授了使用康奈尔笔记法时应注意的关键点，包括准确使用笔记分区、避免内容混淆、保持笔记整洁、分学科使用笔记本，以及课后及时回顾和补充笔记。李婷表示感激，并承诺将这些建议付诸实践，以提升学习效率。

使用康奈尔笔记法的注意事项：

★**准确使用笔记分区：**明确摘要提示区、笔记区和总结区的功能。

★**避免内容混淆：**保持每个区域内容的纯粹性，防止不同区域的内容混杂。

★**保持笔记整洁：**清晰书写，定期整理，提升复习效率。

★**分学科使用笔记本：**不同学科使用不同笔记本，有助于知识的系统组织与管理。

★**课后及时回顾和补充：**巩固记忆，完善笔记内容。

活动设计：避免笔记内容混淆的讨论

活动目标：

★加深对康奈尔笔记分区的重要性的理解。

★提升区分与组织笔记内容的能力。

★增强团队合作意识，鼓励相互学习与支持。

活动流程：

★小组组建

将学生分成 4~5 人的小组，确保每组成员都在使用或尝试使用康奈尔笔记法。

★案例分享

每位组员简要分享自己在使用康奈尔笔记法时，是否遇到过内容混淆的情况，具体是哪个区域的使用出现了问题。

★小组讨论

围绕“如何避免内容混淆”的主题展开讨论，探讨在实践中遇到问题的原因，并共同提出解决方案。特别强调在每个区域之间留出适当空白的重要性。

★全班分享

每组挑选一名代表向全班同学展示讨论成果并展示如何正确地使用康奈尔笔记法，其他同学可以提问或提出额外建议。

★教师总结

教师综合各组的分享，再次强调注意事项，并提供进一步的技巧和建议，如使用不同颜色的笔区分不同区域、制定统一的笔记符号等。

课程总结：

通过本次小组讨论活动，学生不仅巩固了关于康奈尔笔记法的知识，更重要的是通过实际经验的分享与交流，掌握了避免内容混淆的有效策略，提升了笔记整理的技能。

扩展习题

1. 在使用康奈尔笔记法时，如何避免笔记内容混淆？（　　）
   A. 明确每个区域的功能
   B. 将所有学科的笔记都记录在同一个笔记本上
   C. 不使用任何标记或颜色来区分不同区域
   D. 将总结区域的内容抄写到笔记区域
2. 课后及时补充和回顾笔记的重要性在于（　　）。
   A. 可以让笔记更加干净整洁
   B. 可以减少记笔记的时间
   C. 有助于巩固记忆和深入理解知识
   D. 能够让笔记更加混乱和难以阅读
3. 以下哪项做法有助于保持康奈尔笔记的干净整洁？（　　）
   A. 使用潦草的字体书写
   B. 在笔记上随意粘贴贴纸和图案
   C. 书写规范，字迹工整，不在笔记上随意涂鸦
   D. 使用易晕染或易褪色的笔书写
4. 关于康奈尔笔记法的摘要提示区，以下说法正确的是（　　）。
   A. 摘要提示区是用来记录详细笔记的
   B. 摘要提示区应该写满整个笔记本
   C. 摘要提示区不需要特别关注
   D. 摘要提示区用于记录关键词和问题，以便复习时查找回忆
5. 为什么不同学科要使用不同的笔记本？（　　）
   A. 这样可以让笔记本看起来更漂亮
   B. 不同学科的笔记内容太多，一个笔记本装不下
   C. 老师强制要求
   D. 有助于区分不同学科的内容，避免混淆和交叉

答案：A　C　C　D　D

互动交流 4　康奈尔笔记法的优点

小文是一个勤奋好学的学生，他总是努力寻找更好的学习方法来提高自己的学习效率。一天，他在图书馆偶然发现了一本介绍康奈尔笔记法的书，书中详细描述了这种笔记法的优点和使用方法。小文的好奇心被激发了，他决定尝试一下这种神奇的笔记法。

小文按照书上的指导，开始使用康奈尔笔记法记录他的学习内容。他很快发现，与传统的线性笔记相比，康奈尔笔记的结构更加清晰，将笔记分为三个区域：摘要提示区、笔记区和总结区。在摘要提示区，小文记录了课堂的关键要点和关键概念；在笔记区，他详细记录了老师的讲解内容和自己的思考；而在总结区，他则提炼了本节课的重点，并写下自己的感悟。

随着时间的推移，小文逐渐感受到了康奈尔笔记法带来的好处。在一次历史课上，老师讲解了复杂的世界大战历史。小文利用康奈尔笔记法，将战争的起因、过程和结果清晰地记录在笔记区，并在总结区写下了自己对战争的思考。下课后，当同学们还在为复杂的历史事件而苦恼时，小文已经能够清晰地回顾和复述整个历史事件了。

不仅如此，康奈尔笔记法还帮助小文养成了良好的思考和总结习惯。在数学课上，他不再满足于仅仅记住公式和定理，而是开始思考这些知识的背后原理和应用场景。他将自己的思考和发现记录在总结区，这不仅加深了他对数学知识的理解，还激发了他对数学学科的热爱。

康奈尔笔记法的另一个优点是它的普适性。无论是语文课的古文阅读，还是英语课的阅读理解，小文都能够运用这种笔记法来高效地记录和学习。他甚至还将这种笔记法应用到了他的自主学习中，如阅读课外书籍和参加学科竞赛等。康奈尔笔记法成了他学习的得力助手，帮助他更好地理解和掌握知识。

随着时间的推移，小文的学习成绩逐渐提高，他也变得更加自信和开朗。他深知，这一切的改变都离不开康奈尔笔记法的帮助。

1. 邀请学生分享他们的复习策略，并着重说一说康奈尔笔记法如何帮助他们在考试前有效地回顾和强化知识点。
2. 请同桌之间互相说说，为什么康奈尔笔记法适用于许多学习科目和学习场景。引导学生在不同学科中积极使用康奈尔笔记法。
3. 请学生分小组讨论，康奈尔笔记法如何帮助学生更有效地进行小组学习和合作，并分享在小组中使用康奈尔笔记法的经验。

评析

勤奋好学的小文在一次偶然的机会中发现了康奈尔笔记法，并将其应用于学习之中。通过将笔记分为摘要提示区、笔记区和总结区，小文体验到了学习效率和理解深度的显著提升，尤其是在历史、数学等学科中，不仅能够清晰回顾复杂内容，还能深入思考知识背后的意义，这激发了他的学科兴趣。

康奈尔笔记法的优点：

★**结构清晰：**通过三个区域的划分，使得笔记层次分明，易于信息的组织与回顾。

★**促进深度学习：**总结区促使学生在记录的同时进行思考和消化，提升理解层次。

★**提高复习效率：**摘要提示区的关键词和问题便于快速回顾，加深记忆。

★**增强自我反思：**鼓励学生对所学内容进行总结提炼，培养批判性思维能力。

★**普适性强：**适用于多种学科，既可用于课堂学习，也能辅助自主学习和复习。

活动设计：康奈尔笔记法在复习中的应用

活动目标：

★深化学生对康奈尔笔记法及其优势的理解。

★提升学生有效复习和自我总结的能力。

★增强学习社区的互动与分享文化，增加学生的自信心与学习动力。

活动流程：

★引入话题

教师简短介绍康奈尔笔记法的基本理念及其在学习中的重要性。

★小组讨论

将学生分为4~5人小组，每个人先独自准备5分钟，回顾自己以往复习时的策略，特别是如何使用康奈尔笔记法（如果有的话）。

★轮流分享

每个小组内轮流分享个人的复习策略，尤其是康奈尔笔记法在考试前的使用经验，如如何整理笔记、如何通过摘要提示区快速复习、如何在总结区提炼重点等。

★小组协作

小组内继续讨论，相互提供改进建议，探索如何更好地利用康奈尔笔记法解决复习中遇到的难题。

★全班展示

每组选出一名代表，分享小组讨论的精华，包括成功案例、挑战及应对策略。

★教师总结与反馈

教师汇总各组分享，强调康奈尔笔记法的正确使用方法，同时给予鼓励性评价和进一步的复习策略指导。

课程总结：

本次分享活动不仅加深了学生对康奈尔笔记法这一高效学习工具的认识，还激发了他们对复习策略的创新思维。通过相互间的交流与启发，学生们学会了如何在不同科目中灵活运用康奈尔笔记法，有效提升了复习效率，同时也促进了班级内部的学习合作与情感联结，为创建积极的学习环境奠定了良好基础。

扩展习题

1. 康奈尔笔记法的主要优点之一是（　　）。
   A. 需要丰富的知识储备　　B. 结构清晰简单
   C. 只能用于特定情况　　D. 内容只照抄书本
2. 关于康奈尔笔记法，以下哪项描述是正确的？（　　）
   A. 可以帮助加深对知识的理解　　B. 不需要将笔记分区
   C. 只适合在课堂上使用　　D. 不利于培养思考能力
3. 康奈尔笔记法适用于哪种学习场景？（　　）
   A. 只适合学习理科知识　　B. 任何需要理解和思考的学习场景
   C. 只适用于记录老师的讲解内容　　D. 只适合学习文科知识
4. 关于康奈尔笔记法的描述，以下哪项是正确的？（　　）
   A. 它不利于回顾和复习
   B. 它强调快速记录，不注重质量
   C. 它是一种有效的笔记方法，可以帮助提高学习效率
   D. 它只适合学习成绩好的学生使用
5. 使用康奈尔笔记法时，以下哪种做法是不推荐的？（　　）
   A. 在笔记中记录关键信息和主要观点
   B. 忽略老师的讲解，只记录自己的想法
   C. 在课后及时回顾和补充笔记
   D. 使用不同颜色的笔来区分不同的内容

答案：B　A　B　C　B

4.3　手绘思维导图（初中生适用）

思维导图，这个听起来既神秘又有趣的名字，其实是我们学习中的一位得力助手。它就像一张神奇的网，把纷繁复杂的知识点串联起来，让我们的思维更加清晰、有条理。

学习不仅仅是记忆知识，更重要的是学会如何思考。而绘制思维导图，正是锻炼我们思维能力的一种好方法。

今天就让我们走进思维导图的世界，共同认识并学会绘制和运用思维导图。

在运用思维导图学习时，最重要的就是逻辑思维能力。逻辑思维是我们理解世界和解决问题的重要工具。它就像一把钥匙，能够帮助我们打开知识的大门，深入探究事物的本质和规律。许多历史上的伟大人物都强调了逻辑思维的重要性。以下就是一些有关逻辑思维的名人名言，各位同学可以仔细读一读，思考这些名言带来的启示。

1. “对知识吸收消化，融会贯通，就会形成自己的逻辑思维的能力，这是最有用的东西。”——赵宪初

2. “思维是灵魂的自我谈话。”——柏拉图

3. “逻辑是数学的少年时代，数学是逻辑的成年时代。”——罗素

4. “联想有时是很强烈的思维。”——狄更斯

5. “科学旨在努力使我们的庞杂纷乱的感觉经验形成一个符合逻辑的统一。”——爱因斯坦

6. “思维力是认识之光，意志力是品性之能量，心力是爱。”——费尔巴哈

互动交流1　思维导图的绘制步骤

在一个阳光明媚的周末早晨，初中生小于坐在书桌前，准备为即将到来的历史考试绘制一张关于“中国古代朝代”的思维导图。他深知，要想在考试中取得好成绩，就需要有一个清晰的知识框架来帮助自己记忆和理解。

小于拿出一张白纸和几支彩色笔，开始了他的思维导图之旅。

首先，他明确了主题——“中国古代朝代”。这是整个思维导图的核心，他将其写在了白纸的中央，用了大大的字体和醒目的颜色突出出来。

其次，小于开始梳理框架与结构。他知道，中国古代的朝代众多，每个朝代都有其特点和重要意义。于是，他围绕“中国古代朝代”这个主题，画出了几个分支，分别代表不同的朝代，如夏、商、周、秦、汉等。

然后，小于开始填充具体内容。在每个朝代的分支下，他列出了该朝代的重要事件、特色文化、代表人物等信息。这些信息丰富而详细，帮助小于更深入地了解每个朝代的历史背景和文化内涵。

最后，小于进行了检查和修改。他仔细检查每个分支和细节，确保信息的准确性和完整性。如果发现错误或遗漏，他会及时修改和补充。

经过一番努力，小于终于完成了他的思维导图。看着这张重点突出、层次分明的思维导图，他感到非常满意。这张思维导图不仅能帮助他复习历史知识，更能培养他的逻辑思维和创造力。小于期待着即将到来的历史考试，相信自己一定能取得好成绩。

1. 请学生上台分享自己绘制的思维导图，并说一说自己的绘制步骤。
2. 请学生在小组内讨论，在绘制思维导图的过程中，哪一个步骤最重要，为什么。

评析

初中生小于为了准备历史考试，着手制作了一张关于“中国古代朝代”的思维导图。他从确立中心主题开始，逐步构建框架，细化内容，直至最后检查修正，完成了一张既美观又富有教育意义的思维导图。通过这个过程，小于不仅系统整理了历史知识，也锻炼了自己的逻辑思维和创造性表达能力，满怀信心地迎接即将到来的考试。

思维导图的绘制步骤：

★**确定中心主题：**明确想表达的核心内容是什么，将它置于纸张中央，通常是用较大的字体和显眼的颜色来突出。

★**规划基本结构：**围绕中心主题，绘制主要分支，这些分支代表着一级分类或主要观点，尽量保持均衡和对称。

★**扩展子主题：**在每个主要分支下，进一步细化，添加次级分支，用于展示更具体的细节、数据、例子等。

★**填充具体内容：**在各分支上记录关键词、短语或图示，避免冗长句子，保证信息简洁、易于理解。

★**使用符号和颜色：**通过不同颜色的笔或符号（如箭头、星号）来区分不同类别的信息，增强视觉效果和记忆点。

★**检查与完善：**完成初步绘制后，仔细检查内容的准确性、条理性和完整性，适时进行调整和美化。

活动设计：分享我的思维导图之旅

活动目标：

★深化学生对思维导图概念和应用价值的理解。

★提高学生的思维组织、信息筛选和视觉表达能力。

★激发学生的学习兴趣，增强自信心，促进同伴间的相互学习和启发。

活动流程：

★引入与示范

教师简要回顾小于的故事，介绍思维导图的优点和基本绘制步骤。

展示一至两张优秀的思维导图范例，分析其结构和特点。

★分组准备

学生进行分组，回忆并确定一个自己曾使用思维导图的主题，小组内先进行初步交流，成员相互提供反馈和建议。

★上台分享

每组推选一名代表或自愿上台展示自己的思维导图。

分享者需介绍思维导图的主题、绘制步骤、遇到的挑战及解决办法。

其他学生和教师进行提问、评论和建议。

★集体讨论

针对几个典型的思维导图案例，全班讨论它们的亮点和可能的改进空间。

探讨如何将思维导图应用于不同学科的学习中，分享跨学科应用的经验。

★教师总结

教师总结活动收获，强调思维导图在学习策略中的作用。

鼓励学生在今后的学习中继续探索和应用思维导图，不断提升自我学习效能。

课程总结：

通过此次互动分享活动，学生们不仅巩固了思维导图的制作技能，还在展示和交流中拓宽了视野，深化了对知识的理解，同时也增强了团队协作和表达能力，促进班级内形成积极的学习氛围。

扩展习题

1. 在绘制思维导图时，应该在哪个步骤确定主要分支和子分支？（　　）

A. 明确主题　　B. 梳理框架与结构

C. 填充具体内容　　D. 检查和修改

2. 下列哪项不属于绘制思维导图的步骤？（　　）

A. 记录与老师的所有对话　　B. 明确主题

C. 梳理框架与结构　　D. 填充具体内容

3. 绘制完思维导图后，还需要做哪一步以确保其准确性和完整性？（　　）

A. 绘制具体分支　　B. 总结关键词

C. 进行梳理检查　　D. 修改整体层次

4. 在绘制思维导图时，应该先确定什么？（　　）

A. 思维导图的颜色　　B. 思维导图的中心主题

C. 思维导图的分支数量　　D. 思维导图的形状

5. 绘制思维导图时，应该如何安排分支？（　　）

A. 随意安排　　B. 按照重要性从大到小排列

C. 只画一个分支　　D. 按照知识点的逻辑关系排列

答案：B　A　C　B　D

互动交流 2　思维导图的特点

在一个晴朗的下午，初中生孟鹏和他的同学们正在为即将到来的历史考试做准备。历史知识点繁杂，他们感到有些无从下手。这时，孟鹏想起了老师曾提过的思维导图，于是提议大家一起制作一个关于历史知识点的思维导图。

孟鹏打开电脑，启动了思维导图软件。他首先明确了中心主题——“历史大事件”，这个中心主题就像一个明亮的太阳，照耀着整个思维导图。接着，他围绕这个中心主题，画出了几条分支，分别代表不同的历史时期。

孟鹏的同学们也加入进来，大家各自选取自己熟悉的历史时期，开始添加细节。不一会儿，思维导图就变得丰富起来。每个历史时期下面，都列出了该时期的重要事件、人物、文化背景等内容。这张思维导图就像一棵大树，主干清晰，枝繁叶茂。

孟鹏发现，通过思维导图，他们不仅可以直观地看到各个知识点之间的联系，还能快速定位到想要复习的内容。而且，思维导图的框架非常清晰，让他们对历史的发展脉络有了更清晰的认识。

更神奇的是，思维导图还可以自由调整。孟鹏和同学们发现某个分支的内容有误时，可以轻松地修改；当需要添加新的知识点时，也可以随时添加新的分支。

最后，他们还把思维导图分享到了班级群里，让其他同学也能一起参与进来，共同完善这个历史知识点的思维导图。大家纷纷表示，通过共同创作思维导图，不仅加深了对历史知识的理解，还增进了同学之间的友谊。

这次制作思维导图的经历让孟鹏和他的同学们深刻体会到了思维导图的特点。他们决定以后在学习和生活中，更多地运用思维导图，提高学习效率，丰富学习生活。

1. 教师展示用传统笔记和思维导图制作的同一个知识点的图片，请学生举手回答二者之间都有哪些区别。
2. 请学生说一说，在绘制思维导图时，是如何确定主干和分支的，有什么方法。
3. 教师提供一个学生已经学习过的知识点思维导图，请学生分组对其进行修改，最后选出修改效果最好的一个小组。

评析

孟鹏和他的同学们在面临历史考试的复习难题时，创新性地采用了思维导图的方法来整理和记忆历史知识点。通过团队合作，他们不仅构建了一个包含不同历史时期、重要事件、人物及文化背景的详细思维导图，还通过这一过程深化了理解、提高了学习效率，并增强了同学间的协作与友谊。

思维导图的特点：

★**直观且可视化：**以图形的方式展示信息，使复杂内容一目了然，帮助理解和记忆。

★**清晰的结构和框架：**以中心主题为核心，向外发散形成分支，层次分明，便于把握整体与局部的关系。

★**可自由调整：**便于添加、删除或修改内容，适应学习过程中新知识的吸收和旧知识的修正。

★**多人共同创作：**支持多人协作编辑，促进交流和知识共享，增进团队合作能力。

活动设计：历史思维导图共创挑战

活动目标：

★巩固已学历史知识，深入挖掘历史事件之间的关联。

★提升信息整理、分类和视觉表达能力。

★掌握使用思维导图的技巧。

★增强团队合作意识，激发学习兴趣和创造性思维。

活动流程：

★准备阶段

教师准备一份基础版的历史知识点思维导图，覆盖某个单元的核心内容，但故意留有空白或简化部分内容。

★学生分组

每组 4~6 人，确保组内成员对该历史单元的内容有基本了解。

★探索与分析

每组学生首先集体审阅教师提供的基础版思维导图，讨论现有内容的准确性和完整性。确定本组将要重点补充或修正的知识点，组内成员每人负责一个或几个子主题的深入研究。

★修改与创作

各组学生使用电子或手绘方式，在基础版思维导图上进行修改和扩展，加入遗漏的重要事件、人物、影响等，同时保证思维导图的逻辑性和美观性。

★展示与评价

每组派代表展示修改后的思维导图，解释修改的理由和新增内容的重要性。

全班投票和教师评审结合，评选出修改效果最好、内容最丰富、结构最清晰的一组。

★反馈与总结

教师汇总各组亮点和不足，进行总体点评，强调思维导图制作的关键要点。

鼓励学生分享通过活动学到的知识点和技能，以及团队合作的感受。

课程总结：

通过“历史思维导图共创挑战”活动，学生不仅巩固了历史知识，更重要的是学会了如何高效组织和呈现信息，以及如何在团队合作中发挥个人专长。思维导图作为一种强大的学习工具，不仅有助于提升学生的学习效能，也为未来的自主学习和项目合作奠定了坚实的基础。

扩展习题

1. 以下哪一项属于思维导图的特点？（　　）

A. 直观且可视化，易于理解　　B. 内容抽象且难以理解

C. 结构复杂，不易掌握　　D. 只能用于文字记录

2. 在思维导图中，可以发现它具有（　　）。

A. 混乱无序的结构　　B. 清晰的结构和框架

C. 模糊不清的框架　　D. 单一的表达方式

3. 关于思维导图的调整，以下说法正确的是（　　）。

A. 思维导图一旦创建，就无法修改　　B. 不支持多人共同编辑和讨论

C. 无法在团队中分享和交流　　D. 可多人共同创作，促进团队协作

4. 思维导图相比传统笔记的优势在于（　　）。

A. 缺少条理性和系统性

B. 只能表达简单的想法

C. 能够直观地展示思维过程和知识结构

D. 不利于激发创新思维

5. 思维导图中，节点与节点之间的关系通常是（　　）。

A. 孤立的　　B. 清晰且有逻辑的

C. 随意连接的　　D. 无法判断

答案：A　B　D　C　B

互动交流 3 绘制思维导图的注意事项

陈华是一名初中生，他对于学习英语总是感到很迷茫，不知道该如何下手。有一天，他的英语老师介绍了一种新的学习方法——绘制思维导图。陈华决定尝试一下，看看这种方法能否帮助他更好地学习英语。

陈华首先明确了他的学习中心，那就是“英语基础知识”。为了避免跑题，他只围绕这个中心展开。他思考了英语学习中最重要的几个方面，包括单词、语法、听力和口语，这些就是他思维导图的核心要点。

在绘制思维导图时，陈华尽量精简内容，只保留了每个要点最关键的信息。例如，在单词部分，他只列出了最常用的词汇和短语；在语法部分，他总结了最基本的句型和时态。

为了让思维导图更易于理解和记忆，陈华使用了不同的颜色和标记来区分不同的内容。例如，他用蓝色表示单词，用红色表示语法，用绿色表示听力和口语。这样，他在复习时就能一眼看出每个部分的内容。

最重要的是，陈华在绘制时保持了思维导图的逻辑性和层次性。他按照英语学习的顺序和难易程度，将各个要点有序地排列在思维导图中。这样，他就能按照思维导图的顺序，一步一步地深入学习。

经过一段时间的实践，陈华发现他的英语水平有了明显的提高。他不仅能更快地记住单词和语法，还能更好地理解和运用英语。他感慨地说：“绘制思维导图真的是一种非常有效的学习方法！”

1. 教师展示一份在绘制上有明显问题的思维导图，请学生举手发言，找出这份思维导图的问题。
2. 请学生与同桌互相讨论，讲一讲用什么样的方法可以避免思维导图出现结构或逻辑层次上的问题。
3. 请学生说一说，自己在绘制思维导图时会用什么方式来区分不同层次的知识点。

评析

陈华通过应用思维导图这一学习工具，有效解决了英语学习中的问题，显著提升了英语水平。他以“英语基础知识”为中心，围绕单词、语法、听力和口语四大核心要点构建思维导图，通过精简内容、使用不同色彩、保持逻辑性与层次性等策略，使得学习过程更加系统化、直观化，最终收获了良好的学习效果。

绘制思维导图的注意事项：

★**明确中心主题：**确保所有内容都紧密围绕中心主题展开，避免偏离主题。

★**精简关键信息：**提取每个部分的核心要点，去除冗余信息，使内容简洁明了。

★**视觉辅助记忆：**利用颜色、图标、线条粗细等视觉元素区分不同类别，增强记忆点。

★**保证逻辑清晰：**保持内容之间的逻辑性和层次性，有序排列，反映知识间的内在联系。

★**定期更新与反思：**根据学习进度适时调整思维导图，及时纳入新知，反思学习成效。

活动设计：优化思维导图结构讨论会

活动目标：

★深化理解思维导图的结构与逻辑性原则。

★提升识别和解决思维导图中结构与逻辑问题的能力。

★增强合作交流，培养批判性思维与解决问题的自信心。

活动流程：

★准备阶段

教师提前准备几份思维导图示例，其中包括结构或逻辑上存在明显问题的案例。

学生与同桌配对，形成讨论小组。

★案例分析

教师分发思维导图示例给各小组，小组成员需共同分析每个示例中的优点与不足，特别是结构混乱或逻辑不清之处。

★提出改进方案

小组针对找出的问题，讨论如何进行改进，如重新安排节点顺序、调整颜色代码系统、添加或移除信息等，以增强逻辑性和层次感。

★展示与交流

各小组选择一个最具代表性的案例及其改进方案，向全班展示，并说明改进理由。

全班进行问答与讨论，相互学习不同的解决方案。

★总结反思

教师汇总讨论成果，强调在绘制思维导图时避免问题的关键策略。

学生以个人或小组形式，反思并记录在日常学习中如何更有效地运用这些策略。

课程总结：

通过本次“优化思维导图结构讨论会”，学生不仅深入学习了如何构建合理、逻辑清晰的思维导图，还增强了团队合作与批判性思维能力。实践活动让学生亲身体验到了思维导图优化过程中的挑战与乐趣，为他们的自主学习提供强大动力。同时，通过分享与交流，学生们学会了从他人经验中汲取灵感，促进了班级内的积极学习氛围的形成，有助于全面提升学习效率与效果。

扩展习题

1. 绘制思维导图时，为了避免内容过于庞杂，应该怎么做？（　　）
   A. 尽可能多地添加细节　　B. 不使用任何标记
   C. 只保留核心要点　　D. 随意排列内容
2. 在思维导图中，为了区分不同级别的内容，可以使用什么方法？（　　）
   A. 使用不同颜色或标记　　B. 使用相同颜色的笔
   C. 只使用文字描述　　D. 随意排列内容
3. 在绘制思维导图的过程中，如果出现与主题不相关的内容，应该怎么做？（　　）
   A. 保留并突出显示　　B. 放在思维导图的最外层
   C. 立即删除　　D. 用不同颜色标注
4. 绘制思维导图的注意事项不包括（　　）。
   A. 使用单一颜色　　B. 明确中心主题　　C. 列出必要细节　　D. 及时补充新知
5. 绘制思维导图时，为什么要保持逻辑性和层次性？（　　）。
   A. 为了使思维导图足够简单　　B. 为了方便书写
   C. 为了增加思维导图的美观性　　D. 为了帮助理解知识点之间的层次关系

答案：C　A　C　A　D

互动交流4　思维导图适用的学习场景

在一个繁忙的周末，初中生小静坐在书桌前，面对一堆学习资料，她感到有些无从下手。这时，她想起了最近了解到的思维导图这一学习工具，决定尝试用它来帮助自己整理学习内容。

首先，在学习新知识、新概念时，小静用思维导图来梳理知识脉络。她以数学中的“三角函数”为例，将正弦、余弦、正切等基本概念作为思维导图的中心，然后向外扩散，列出每个概念的定义、性质和应用。这样，原本复杂的知识点变得清晰有序，小静很快就掌握了这些知识。

其次，在复习和总结时，小静利用思维导图进行知识点的回顾和整合。她以历史课本的章节为单位，将每个章节的重点事件、人物和意义作为思维导图的分支。在复习时，她只需浏览思维导图，就能迅速回忆起整个章节的内容，大大提高了复习效率。

此外，在解决问题和整理思路时，小静也发现思维导图非常有用。她会先将问题的核心要点写在思维导图的中心，然后围绕这个中心列出可能的解决方案或思考方向。这样做不仅帮助她系统地分析问题，还能激发她的创新思维。

最后，在自主学习和规划时，小静也会利用思维导图来制订学习计划。她会将学习目标、学习内容、学习方法和时间安排等要素纳入思维导图中，形成一个全面的学习规划。这样，她就能有条不紊地推进学习进度，实现自主学习的高效管理。

通过这些应用场景的尝试，小静深刻感受到了思维导图在学习中的巨大作用。她相信，只要善于运用这一工具，她的学习之路一定会越走越宽广。

1. 教师提供一个主题，如“光合作用”等，请学生绘制一个相关的思维导图，并在小组内讨论如何安排它的主要分支和子分支，完成后分享各自的思维导图，比较不同点，讨论哪种结构更清晰、更易于理解。
2. 请学生说一说，如果遇到了一个复杂的数学问题，该如何使用思维导图进行分析和解决。

评 析

小静通过实际操作，体验到思维导图在学习过程中的广泛应用和显著效益。她利用思维导图梳理数学中的三角函数概念、复习和整合历史知识、解决问题和整理思路、进行自主学习和规划，极大提升了学习效率与质量，这些实践展示了思维导图在不同学习场景中的强大功能。

思维导图适用的学习场景：

★**新知识学习与概念梳理：**帮助理解和记忆复杂概念，建立知识体系。

★**复习与总结：**快速回顾课程内容，整合碎片化信息。

★**问题解决与思路整理：**促进系统性思考，激发创新思路。

★**学习计划与管理：**明确学习目标，有效规划时间和学习内容。

活动设计：“光合作用”思维导图绘制与讨论

活动目标：

★巩固“光合作用”相关的生物学知识。

★掌握使用思维导图整理和展示信息的技巧。

★激发团队合作精神，增进交流与分享的乐趣。

活动流程：

★引入主题

教师简要介绍“光合作用”的基本概念，设定活动任务。

★个人构思

学生独自花几分钟时间，初步思考“光合作用”思维导图的中心主题、主要分支和可能的子分支。

★小组讨论

将学生分成小组，每人分享自己的初步构思，小组讨论确定最优结构方案，包括中心主题、“光合作用”过程（如光反应、暗反应）、关键物质（如水、二氧化碳、氧气、ATP）、作用与意义等主要分支，以及相应的子分支细节。

★绘制思维导图

基于小组讨论的结果，学生共同绘制或分工绘制“光合作用”思维导图。鼓励使用不同颜色和图标增加视觉效果和记忆点。

★小组分享

每组派代表展示思维导图，解释设计思路，其他组员补充说明。全班共同讨论，比较不同组的设计，分析哪种结构更清晰、更易于理解，并提出改进建议。

★总结反馈

教师总结活动，表扬创意和团队合作，指出共性问题，给出进一步完善思维导图的建议。

课程总结：

通过“光合作用”思维导图的绘制与讨论活动，学生不仅加深了对生物学关键概念的理解，还掌握了运用思维导图整理信息和展示知识的有效方法。活动促进了学生的创新思维、团队合作能力及批判性评价技能，同时也激发了学生对于科学知识学习的兴趣和热情，营造了积极向上的学习氛围。思维导图成为学生自主学习和整合知识的强大工具。

扩展习题

1. 在复习和总结时，思维导图的主要作用是（　　）。

   A. 直接替代课本　　B. 辅助记忆，整理知识

   C. 增加复习时间　　D. 使得学习不再需要老师

2. 以下哪项不是思维导图在学习中的应用优势？（　　）

   A. 直观展示知识间的联系　　B. 提高学习效率

   C. 激发创新思维　　D. 将学习内容复杂化

3. 以下哪项不是使用思维导图进行自主学习的好处？（　　）

A. 提高学习效率　　B. 厘清知识点之间的关系

C. 增加学习负担　　D. 便于规划学习进度

4. 在生物课上，老师要求总结细胞的结构和功能。下列哪种方法最适合？（　　）

A. 口头背诵

B. 绘制一个详细且复杂的细胞结构图

C. 仅阅读课本并做笔记

D. 使用思维导图列出细胞的主要部分及其功能

5. 使用思维导图进行学习的最大优势是什么？（　　）

A. 更加深入地了解知识之间的联系　　B. 美观大方

C. 增强绘画能力　　D. 不用再看课本

答案：B　D　C　D　A

4.4 有趣的费曼学习法（高中生适用）

今天我们要了解的内容，它关乎学习，但又不只是学习，它叫作“费曼学习法”。可能有些同学已经听说过这个名字，也可能有些同学对此感到好奇。

在接下来的班会中，我们将一起探讨什么是费曼学习法、如何运用费曼学习法来提高我们的学习效率，以及如何让我们的学习变得更加有趣和有意义。我相信，只要我们用心去感受、去实践，我们每个人都能成为学习的能手，享受学习带来的乐趣。

在我们探讨学习的道路上，许多智者都曾留下过他们的智慧结晶。这些名人名言不仅是对学习的独到见解，更是对我们求知的鼓励和启示。以下是一些与学习有关的名人名言。请同学们一起阅读讨论，这些名言都带给我们哪些启示。

1. “好读书，不求甚解；每有会意，便欣然忘食。”——陶渊明
2. “学而不思则罔，思而不学则殆。”——孔子
3. “学习是劳动，是充满思想的劳动。”——乌申斯基
4. “把学问过于用作装饰是虚假；完全依学问上的规则而断事是书生的怪癖。”——培根
5. “学而不厌，诲人不倦。”——孔子
6. “读而未晓则思，思而未晓则读。”——朱熹
7. “立志宜思真品格，读书须尽苦功夫。”——阮元
8. “读书有三到，谓心到，眼到，口到。”——朱熹
9. “立身以立学为先，立学以读书为本。”——欧阳修

互动交流 1 费曼学习法的步骤

高中生王奇一直对物理中的力学部分感到头疼。尤其是关于牛顿运动定律的题目，他总是难以理解。有一天，他听说费曼学习法是一个非常有效的学习方法，他决定尝试一下。

第一步，王奇选择了力学中的一个重要知识点——牛顿第二定律。他仔细阅读了课本，做了相关的练习题，但总感觉自己没有真正理解透彻。

第二步，王奇找到了他的好朋友张强，张强对物理有着浓厚的兴趣，而且在这方面也有一定的理解。王奇向张强解释了牛顿第二定律的概念和应用，并尝试用生活中的例子来说明。在讲解的过程中，王奇发现自己在解释加速度与力之间的关系时有些含糊不清。张强也提出了一些问题，比如："为什么加速度与力成正比，而与质量成反比呢？"这些问题让王奇感到有些尴尬，因为他自己也没有完全明白。

第三步，王奇意识到自己在讲解中出现的漏洞，他决定重新学习这部分内容。他查阅了更多的资料，观看了物理老师的讲解视频，还与老师进行了深入的讨论。通过这些努力，他终于对牛顿第二定律有了更深入的理解。

第四步，王奇再次找到张强，用更加清晰和简洁的语言重新讲解了牛顿第二定律。这一次，他能够流畅地解释加速度与力之间的关系，并回答了张强之前提出的问题。张强听后表示明白了许多，这让王奇感到非常满足。

第五步，王奇将所学的力学知识进行了总结和归纳，形成了一个完整的知识体系。他不再只是孤立地记忆公式和概念，而是能够将它们联系起来，形成一个有机的整体。这样，他在遇到相关题目时，就能够迅速找到解题的思路和方法。

通过实践费曼学习法，王奇不仅提高了自己的学习效率，还增强了自信心。他发现，与其死记硬背，不如真正理解并将知识讲解给他人听。这样不仅能够检验自己的学习成果，还能够与他人分享知识，促进共同进步。

1. 教师为学生提供若干主题，让学生选择一个感兴趣的主题，小组内商讨如何向班级同学展示和讲解，讨论过后在课堂上展示给其他同学。
2. 学生轮流扮演教师的角色，选择一个主题进行简短的讲解。其他学生扮演学生的角色，提出问题或给予反馈。
3. 教师提出一个与主题相关的问题，学生依次回答并提出下一个问题。

评析

王奇是一位对物理的力学部分感到困惑的高中生，尤其是牛顿第二定律。他采用了费曼学习法来提升理解，经过了五个步骤：自我学习、向他人解释、识别知识漏洞、深化学习并重新解释、总结归纳形成体系。通过这个过程，王奇不仅掌握了牛顿第二定律，还提升了学习效率和自信心。

费曼学习法的步骤：

★**选择一个概念：**确定想要深入学习的知识点。

★**自学理解：**自己阅读材料、做练习，试图掌握这一概念。

★**教学模拟：**向他人（可以是朋友、同学甚至想象中的听众）解释这一概念，尝试使用简单的语言和生活中的例子。

★**识别并填补缺口：**在解释过程中，注意将自己讲不清楚或不明白的地方记录下来。

★**深入学习与简化：**针对发现的疑问，进一步研究，直至能用最简单的方式解释清楚。

★**回顾与总结：**将所学知识整合成一个系统，巩固学习成果。

活动设计：费曼学习挑战

活动目标：

★加深对特定学科知识点的理解。

★提升信息整理、口头表达及批判性思维能力。

★增强自信，培养乐于分享和合作的学习态度。

活动流程：

★分组与选题

将班级分成小组，每组选择一个学科内的具体主题（如数学的二次方程、生物的光合作用）。

★初步准备

各组成员独立学习选定的主题，准备基本概念和相关例证。

★内部讲解

组内成员轮流扮演“小老师”，向组员讲解主题内容，每人限时 5 分钟。组员可提问或提出建议。

★反馈与修正

讲解结束后，组内成员提供反馈，指出讲解中的亮点和需改进之处。

★优化讲解

根据反馈，每位“小老师”优化其讲解内容，再次向全班展示，时间可延长至 7 分钟，其他学生扮演“学生”，积极提问互动。

★全班讨论

最后，全班围绕各个小组的讲解进行综合讨论，分享学习心得，教师总结关键知识点。

课程总结：

通过本次课程的学习与活动实践，学生了解到费曼学习法是一种高效的学习策略，它通过自我学习、模拟教学、反馈修正的过程，促进深度理解和记忆。

扩展习题

1. 以下哪项不是费曼学习法的核心步骤？（　　）

A. 学习新知识　　B. 向他人解释所学内容

C. 简化和吸收知识　　D. 忽略讲解中的漏洞

2. 在费曼学习法中，向他人讲解知识的目的是什么？（　　）

A. 检测自己是否真正理解知识　　B. 帮助他人通过考试

C. 展示自己的学识　　D. 与其他人攀比

3. 根据费曼学习法，有效学习的关键是什么？（　　）

A. 记忆力的强弱

B. 学习时间的长短

C. 学习内容的难易程度

D. 是否能够通过给他人讲解的过程使自己理解和掌握知识

4. 费曼学习法鼓励学习者（　　）。

A. 死记硬背知识　　B. 快速浏览学习内容

C. 深入理解并简化知识　　D. 只关注复杂的概念

5. 在使用费曼学习法时，以下哪项做法是不正确的？（　　）

A. 忽略在学习过程中遇到的难题

B. 向他人讲解知识以检测自己的理解

C. 讲解前自己先学会该知识点

D. 根据反馈和讲解情况修补自己的学习漏洞

答案：D　A　D　C　A

互动交流 2　使用费曼学习法的注意事项

在一个高中校园里，有一个名叫小宁的学生。他一直是班上的佼佼者，但他知道，要真正掌握知识，还需要付出更多的努力。于是，他决定尝试一种名为费曼学习法的方法，来提高自己的学习效率以及成绩。

小宁明白，选择合适的学习目标是至关重要的。他选择了自己一直感兴趣的物理电磁学作为突破口。物理电磁学不仅有趣，而且在日常生活和未来职业生涯中都有广泛的应用。

小宁开始了费曼学习法的学习之旅后，每天都坚持投入一定的时间来学习物理学。他阅读教材、做习题、观看视频讲解，甚至主动进行一些物理学实验。他明白，持之以恒是取得成功的关键。

然而，当他试图向同学解释电磁学概念时，他发现自己并不能清晰地表达。同学的疑惑和反问让小宁意识到，他并没有真正理解电磁学。于是，他决定回到书本，重新学习，并试图找到更简单、更直接的解释方式。

在使用费曼学习法给同学讲解时，小宁格外重视同学的反馈，以便及时找到自己学习的漏洞。同时,小宁也会定期与同学交流学习心得,参加学习小组,互相提问和解答。通过这些反馈，小宁能够及时发现自己的不足，并做出相应的调整。通过不断地给同学讲解，不断地填补自己学习上的漏洞，小宁发现，他对电磁学的概念和内容有了更深入的理解。通过复盘和简化知识点，小宁逐渐将电磁学的知识形成了体系，且对物理学也有了不一样的认识。

他尝试将电磁学原理应用到日常生活中，如电磁在电子设备中的应用、交通信号灯的原理等。这种学以致用的方式让小宁更加深入地理解了物理学的真谛和价值。

经过一段时间的努力，小宁的物理学成绩有了显著的提高。更重要的是，他学会了如何运用费曼学习法进行学习，提高了自己的学习能力和效率。

1. 请学生在小组内讨论，如果要使用费曼学习法来学习一个新的概念，该如何选择学习目标，是基于个人兴趣、课程要求还是实际应用。
2. 请学生讲一讲，同学之间的互相讨论和反馈在修补学习漏洞方面有何作用。
3. 教师设定一个主题，让学生使用费曼学习法准备相关知识，然后组织一个小型的知识竞赛，测试他们对主题的理解和应用能力。

评析

小宁是一名追求卓越的高中生，为了更深入地掌握知识，他采用了费曼学习法专注于电磁学的学习。他从自主学习开始，在给同学讲解的过程中，意识到自己理解的不足，并通过反复学习、简化概念和实际应用，最终实现了对电磁学的深刻理解和成绩的显著提升。此过程不仅增强了小宁的学习能力，也让他学会了如何高效传授知识。

使用费曼学习法的注意事项：

★**明确目标：**选择具体且感兴趣的学习内容，确保目标明确。

★**深度学习：**通过多种渠道（如阅读、观看视频、实验操作）进行深入探索。

★**主动输出**：尝试向他人讲解所学知识，这是检测理解程度的最好方式。
★**重视反馈**：认真对待听众的疑问和反馈，以此为依据查漏补缺。
★**简化语言**：力求用最简单的语言解释复杂概念，加深自己及他人的理解。
★**实践应用**：将理论知识应用于实际问题，增强理解的实用性和深度。

活动设计："光学原理"讲课竞赛

活动目标：

★加深对光学原理的理解，包括反射、折射、光的波动性与粒子性等。
★提升信息整理、逻辑表达和团队合作能力。
★培养分享知识的热情，增强学习自信心和成就感。

活动流程：

★分组准备
将学生分为若干小组，每组选定光学原理中的一个小主题进行准备。
★应用费曼学习法
小组成员各自学习后，相互讲解并讨论，迭代优化内容直到能简洁明了地表达概念。
★制作教学材料
鼓励小组制作简易教具、PPT或短视频，辅助讲解。
★讲课竞赛
举办小型竞赛，各组轮流上台讲解并回答其他小组提出的挑战问题。
★评委与观众投票
由教师及全体学生进行打分和投票，评选出"最佳讲解奖""创新应用奖"等。
★反馈与总结
赛后组织反馈会议，每组分享学习过程的收获与反思，教师总结活动亮点及改进建议。

课程总结：

本次课程通过小宁的故事和讲课活动引入了费曼学习法的核心要素及其实践过程，强调了在学习过程中选择合适目标、持续深入学习、主动输出知识、重视反馈、简化语言及实践应用的重要性。

扩展习题

1. 在使用费曼学习法讲解知识时，如果感到困惑，应该怎么做？（　　）

A. 放弃并转向其他学习方法　　B. 坚持相信自己的理解是正确的
C. 做好标记，过后及时重新学习　　D. 忽略自己的困惑，继续进行讲解

2. 使用费曼学习法时，以下哪项做法是正确的？（　　）
A. 在学习过程中经常分心，做其他事情
B. 每次学习后都进行复习和巩固
C. 只选择自己感兴趣的学习目标
D. 学习过程中不记录遇到的问题或困惑

3. 费曼学习法强调持之以恒的学习态度，这意味着（　　）。
A. 需要长期、持续、有规律地投入学习
B. 偶尔学习一次就可以
C. 只要学习一次，就一定能学会
D. 只要学习时间长，学习效果就一定好

4. 费曼学习法提倡学以致用，这说明（　　）。
A. 只要记住知识点、公式就可以　　B. 学习只是为了应对考试
C. 要将所学知识与实际生活相联系　　D. 学以致用与学习方法无关

5. 当你使用费曼学习法发现自己有学习漏洞时，你应该（　　）。
A. 忽略它，认为这不重要　　B. 及时修正并填补这些漏洞
C. 等待老师来讲解　　D. 直接放弃学习

答案：C　B　A　C　B

互动交流 3　费曼学习法的特点

在一个下午，高中生小方坐在图书馆里，眉头紧锁，他正在为即将到来的数学考试而烦恼。尽管他平时学习很努力，但总是感觉知识掌握得不牢固，容易遗忘。

这时，他的朋友阿克走了过来，看到小方的样子，便问道："怎么了，小方？看你一脸愁容。"小方叹了口气，说："马上就要数学考试了，我感觉自己学得不怎么样，总是记不住。"

阿克听了，笑了笑说："别担心，我有个好方法介绍给你，叫作费曼学习法。这个方法很神奇，可以帮助你更好地掌握知识。"小方好奇地问："费曼学习法？听起来很新奇，能详细说说吗？"

阿克开始解释费曼学习法的特点。首先，它以教代学，也就是说，通过教别人来学习。阿克建议小方找一个同学或朋友，把自己学到的数学知识讲给他们听。这样，小方不仅能检验自己对知识的掌握程度，还能在讲解过程中加深记忆。

其次，费曼学习法强调用输出代替输入。阿克告诉小方，不要只是被动地接受知识，而要主动地将它转化为自己的语言，并表达出来，这样，就能更好地吸收和记忆知识。

再次，费曼学习法以学习者为中心。阿克鼓励小方在学习过程中主动思考，提出自己的问题和疑惑。通过解决问题，小方能更深入地理解数学知识，也能培养自己的独立思考能力。

最后，费曼学习法重视理解和应用。阿克告诉小方，学习的目的不仅仅是应对考试，更重要的是要理解知识的本质、学会应用。因此，小方在学习过程中应该多思考如何将这些知识应用到实际生活中。

听了阿克的解释，小方顿时豁然开朗。他决定尝试一下这个神奇的费曼学习法。于是，他找来了另一位同学小张，开始向他讲解数学知识。小方发现，在讲解过程中，他不仅更加深入地理解了知识，还发现了自己之前忽略的一些细节。

通过不断地练习和反思，小方的数学成绩逐渐提高。他不再害怕遗忘，而是更加自信地面对每一次考试。同时，他也学会了如何与他人合作和互动，更加珍惜与同学之间的交流和讨论。

1. 教师提问：为什么在学习中不仅要听课，还要记笔记、做练习题，这些输出活动对学习起到怎样的作用？
2. 请学生举手回答，当遇到一个问题时，是如何主动寻找答案的，是更倾向于自己独立思考还是寻求他人的帮助。

评析

高中生小方因即将来临的数学考试而感到焦虑，觉得自己学习效果不佳，知识掌握不牢固，容易忘记。朋友阿克向他推荐了费曼学习法，这是一种通过教学来促进自我学习的方法。小方按照费曼学习法的指导思路，为同学小张讲解数学知识，在这一过程中不仅加深了自己的理解，还发现了学习中的盲点。最终，小方的成绩得到提升，同时学会了更好地合作与交流，变得更加自信。

费曼学习法的特点：

★**以教促学：**核心理念是通过向他人解释概念来检验和强化个人对知识的理解。当一个人尝试将所学知识传授给他人时，这个过程会迫使他从不同角度审视材料，促进深入理解和记忆固化。

★**输出为主：**鼓励学习者将知识转化为自己的语言和表达方式输出，而非仅仅被动接收信息。这种主动加工知识的方式能加深印象，提高记忆效率。

★**学习者中心：**强调学习者在学习过程中的主体地位，鼓励提出问题、自我探索和独立思考。这种方式促使学习者在解决疑问的同时，深化对知识本质的理解。

★**强调理解和应用：**费曼学习法不仅仅关注知识的记忆，更重视理解知识背后的原理以及如何将知识应用于实际情境中。学习者通过探索知识的实际用途，增强学习的实用性和意义。

活动设计：知识接力挑战

活动目标：

★加深对特定科目基础知识点的理解和记忆。

★提升信息整理和口头表达能力；增强问题解决与自主学习技巧；加强团队协作与沟通能力。

★培养学习自信和成就感；促进班级内的相互尊重与支持；增进对知识分享文化的认同感。

活动流程：

★导入阶段

教师通过提问（如记笔记、做练习题的作用），引出输出活动的重要性，鼓励学生自由讨论。

学生分享个人遇到问题时的解决策略，教师引导讨论独立思考与寻求帮助的平衡。

★分组与规则说明

将学生随机或按座次分成4~5人一组，选出每组的“知识传递者”和“知识接收者”，解释游戏规则。

★知识卡片发放与准备

教师分发包含不同科目的基础知识卡片给“知识传递者”，每张卡片上有一个简明的知识点或公式。“知识传递者”有2分钟时间熟悉卡片内容，但不能写下或复制。

★知识接力挑战

按照游戏规则开始知识传递，每次传递后“知识接收者”变成新的“知识传递者”，继续选择下一个接收者。

教师计时并观察，确保每个学生至少有一次作为传递者和接收者的经历。

★反馈与总结

游戏结束后，各组报告完成的次数，完成次数最多的为优胜小组。

请学生分享在游戏中的感受、收获和遇到的挑战。

教师总结活动，强调输出活动在学习中的价值，以及主动学习的重要性。

课程总结：

本节课通过提问、讨论和“知识接力挑战”小游戏，让学生们亲身体验了输出活动（如讲解知识）在加深理解、巩固记忆方面的重要作用，培养了学生团队合作、沟通和独立解决问题的能力。

扩展习题

1. 费曼学习法强调的一种主要学习方式是（　　）。
   A. 以教代学　　B. 被动听讲
   C. 机械记忆　　D. 模仿他人
2. 在费曼学习法中，“用输出代替输入”是指（　　）。
   A. 只关注和接收新知识　　B. 多做练习题
   C. 将所学知识用自己的话表达出来　　D. 反复阅读教材
3. 费曼学习法体现的学习的中心应该是（　　）。
   A. 教师　　B. 学习者自己
   C. 教科书　　D. 考试成绩
4. 费曼学习法提倡在学习过程中（　　）。
   A. 独立完成任务，避免与他人交流　　B. 忽视他人的意见和反馈
   C. 只关注知识点的数量　　D. 多与同学进行交流和讨论
5. 费曼学习法强调通过哪种方式来提高学习效果？（　　）
   A. 大量做题　　B. 死记硬背　　C. 以教代学　　D. 只听课不复习

答案：A　C　B　D　C

互动交流 4　费曼学习法的优点

在一所充满活力的高中，物理老师张老师深受学生们的喜爱。他不仅知识渊博，而且总是能够用生动有趣的方式深入浅出地讲解复杂的物理原理。然而，张老师深知，单纯的知识传授并不能满足所有学生的需求。他一直在寻找一种方法，能够帮助学生更好地吸收知识，提高学习效果。

一天，张老师在阅读教育杂志时，发现了费曼学习法。他立刻被这种方法所吸引，认为这正是他所寻找的答案。他决定在课堂上尝试一下这种方法，看看是否能够帮助学生提高学习效果。

张老师首先在课堂上向学生们介绍了费曼学习法的基本概念和优点。他解释说，费曼学习法强调以教代学，通过用自己的语言将所学知识讲解给别人听，来加深对知识的理解程度，提高记忆效果。同时，这种方法还能够提升语言表达能力，加强学习的主动性。

学生们对张老师介绍的新方法充满了好奇和期待。他们纷纷表示愿意尝试这种方法，看看是否能够提高自己的学习效率。

于是，张老师组织了一次小组讨论活动。他让学生们自由组队，选择一个物理概念进行深入探讨，并准备向全班同学进行讲解。学生们热情高涨，纷纷投入到小组讨

论中。他们互相帮助，互相学习，共同探讨物理概念的深层含义。

经过一番准备，各个小组轮流上台进行讲解。同学们用通俗易懂的语言将复杂的物理概念解释得清晰明了。他们不仅展示了对知识的理解程度，还展现了出色的语言表达能力。台下的同学们听得津津有味，不时发出赞叹并鼓掌。

通过这次活动，张老师发现学生们的学习效果有了显著的提高。他们对物理概念的理解更加深入，记忆也更加牢固。同时，他们的语言表达能力也得到了很大的提升，能够更加清晰地表达自己的观点。更重要的是，学生们的学习态度也变得更加主动，他们会主动寻找问题的答案，主动思考问题的多种解法。

张老师深感欣慰。他知道，费曼学习法不仅帮助学生们提高了学习效果，更重要的是激发了他们对学习的热情和兴趣。他相信，只要学生们能够坚持下去，他们一定能够在学习的道路上走得更远、更稳。

1. 教师给出一个学生已学习过的知识点或概念，请学生尝试用自己的语言表达出来，从中体会费曼学习法对提升记忆力的帮助。
2. 请学生扮演老师，尝试使用生动形象的比喻或例子来向其他学生解释知识点，以此来锻炼语言表达能力。

评析

费曼学习法的优点有许多，它能帮助提高学习记忆效果，加深对知识的理解程度。通过用自己的语言阐明知识和教授他人，不仅能够巩固所学，还能锻炼语言表达和沟通能力。同时，费曼学习法强调学习的主动性，鼓励积极提问、分享和讨论，从而培养自主学习和终身学习的习惯。在未来的学习和生活中，这些优点将成为学生的宝贵财富。张老师在高中物理课堂上引入了费曼学习法，旨在提高学生的知识吸收能力与学习效率。通过让学生分组探讨物理概念，并向全班进行讲解，这种方法显著提升了学生对概念的理解程度、记忆效果、语言表达能力，以及学习的积极性和兴趣。

费曼学习法的优点：

★**加深理解：**通过教别人的方式，促使学生深入挖掘和理解知识点，而非表面记忆。

★**增强记忆：**主动教授过程中的重复和重组信息有助于长期记忆。

★**提升表达能力：**用简单直白的语言解释复杂概念，有助于锻炼语言表达和沟通技巧。

★**促进主动学习：**学生在准备讲解时必须主动查找资料，思考如何将知识点阐释清楚，增强了学习的主动性和探索欲。

★**激发兴趣：**将知识传授变成有趣的互动，提升了学生对学科的兴趣和热情。

活动设计：“比喻大师”挑战赛

活动目标：

★巩固已学物理知识点，加深理解。

★提升创造性思维，增强语言表达和比喻能力。

★激发学习兴趣，增进同学间的合作与交流，增加自信。

活动流程：

★分组与选题

全班随机分成小组，每组选择或抽签决定一个物理概念（如牛顿第三定律、光电效应等）。

★准备阶段

各小组成员一起讨论，尝试用生活中的例子或富有创意的比喻来解释选定的概念。鼓励大胆创新，让解释既准确又生动。

★“比喻大师”展示

每组推选一名代表或轮流上台，利用 PPT、实物演示或直接讲述等方式，向全班同学展示他们的比喻或例子。

★现场互动

讲解结束后，其他学生可提问或给出反馈，增加课堂互动性。教师引导大家讨论比喻的准确性与创意性。

★投票与评价

全班投票选出“最佳比喻大师”，教师点评每个比喻的优点和改进空间。

★总结分享

活动结束，每个小组分享从其他小组中学到的新颖比喻或得到的启发，教师总结本次活动的学习要点和学生表现。

课程总结：

通过张老师引入费曼学习法的案例和“比喻大师”挑战赛，学生了解到费曼学习法的优点，并在实践中体验了它的实际应用。这种方法不仅提高了学生对知识的理解与记忆，还锻炼了他们的表达能力，激发了学习热情。

扩展习题

1. 费曼学习法能够帮助我们提高记忆效果，主要是因为（　　）。

A. 它只适用于记忆数字和公式

B. 它强调死记硬背

C. 它鼓励用自己的话复述知识，以此来加深记忆

D. 它要求照搬课本

2. 通过费曼学习法，可以提升语言表达能力，因为（　　）。

A. 它提倡我们用简单的语言解释复杂的概念

B. 它要求我们用专业术语表达

C. 它要求在课堂上大声朗读

D. 它提倡独自学习，不与他人交流

3. 费曼学习法强调学习中的主动性，这体现在（　　）。

A. 学生只能在课本中学习

B. 学生需要有丰富的知识积累才能使用费曼学习法

C. 学生只能通过老师的讲授来理解知识

D. 学生需要主动解释和传授所学知识

4. 以下哪一项不是费曼学习法的优点？（　　）

A. 提高记忆效果　　　　B. 完全不需要老师讲授

C. 增强理解能力　　　　D. 加强学习中的主动性

5. 费曼学习法如何帮助学生加深对知识的理解程度？（　　）

A. 通过大量做题　　　　B. 通过教师详细解释

C. 通过死记硬背答案　　D. 通过自我理解和教授他人

答案：C　A　D　B　D

后　记

十年树木、百年树人。作为一名深耕青少年成长发展的大学教师，我深刻地认识到，教育的力量是塑造个人、家庭和社会未来的重要基石。我希望能够将多年的教育咨询经验凝结在一本书里面，像一盏灯照亮孩子们成长的道路，引领他们走向光明的未来。

之所以从主题班会设计入手，是因为在学校的教育教学中，班会这个看似简单的形式，实则蕴含着巨大的潜力。它能够通过丰富多彩的体验式活动，培养孩子们的集体意识、促进身心发展、培养良好习惯；让孩子们学会团结与合作，学会尊重与理解，学会责任与担当。每一次班会，都是心灵的触碰，情感的交流，都应成为孩子们心中温暖的记忆。

然而，由于缺乏专业的培训，班主任在组织班会时水平参差不齐，教育效果难以保证。所以我们将多年来做课程设计的理论基础与实践经验相结合，以“学习能力”为主线，针对不同学段的学生特点，撰写了这本《中小学生学习能力主题班会设计》。本书不仅让班主任在班会设计中有了实用的工具，而且丰富了“大思政”课程体系的内容和形式，提升了班主任思政工作的理论与技能水平。希望通过精心设计的班会课程，让孩子们在参与中感受到爱，在体验中感受到温暖，在学习中获得价值提升，最终实现自我教育和自我完善的发展目标。

在此，要感谢所有参与本书编写的专家和教师。其中，我完成了全书的统稿工作。杨宇老师完成了第一章、第二章、第三章的内容撰写。车芳璐老师完成了第四章的内容撰写。还要感谢万志全教授、苏忠义先生、白雅君先生、陈素云女士、侯燕妮女士在本书编辑出版过程中提供的支持和帮助。感谢博雅学业职业发展研究中心的张小芸老师积极参与本书的资料搜集和文稿校对工作。

让我们携手努力，共同为青少年的生涯发展保驾护航。让每一个生命翩翩起舞。

谷力群

2024 年 10 月于大连